JN438517

영혼의 반짇고리

영혼의 반짇고리

이목윤 제6시집

신아출판사

자서自序

다섯 번째 시집 『차나 한잔 더 드시게』(2005년 2월 신아)를 상재하고 8년이 지났습니다.

그사이 장편소설 『소양천 아지랑이』(2007년 9월 신아)를 출판하고, 다시 단편소설집 『비둘기자리 별』(2010년 5월 신아)을 내느라 4년을 보냈지만, 그런 뒤로도 4년을 더 허송한 세월이었습니다.

연이어 소설을 발표하니 많은 문우들이 이제 소설로 '장르'를 바꾸는 거냐고 물었지만, 그런 건 아니었습니다.

내 유년 시절의 고향 '완주군 소양면'의 아름다움과 전설, 설화 등 잊을 수도 없고, 잊어서도 안 되는 이야기들이 사라져 가는 게 안타까웠습니다. 그런 향수가 너무 깊고 넓어서 조곤조곤 이야기로 풀어낸 것이 장편소설이 되었습니다. 내친김에 '시인'이라는 이름을 얻기 전에 틈틈이 써두었던 단편소설들을 묶어낸 것이 「비둘기자리 별」 외 8편의 작품집이었습니다. 그리고 소설 쓰기는 손을 털었습니다.

그런데 외도가 심했는지 詩 쓰기가 더욱 어려워지고 안 써지는 겁니다. 방황하고 고뇌하면서 4년…. 겨우겨우 한 편, 두 편, 써두었던 시편을 모아 이제야 여섯 번째 시집을 내는 겁니다.

좋은 작품을 수시로 발표하지도 못하고, 작품을 통해 의식 수준을 고양해야 하는 사명감에서도 일탈하고, 스스로에게 약속한 최소한의 몫만큼도 못 쓰고 있었으니, 외도 탓인지, 내 부족한 재주 탓인지, 정말 詩라는 학문이 그리 어려운 것인지, 이번 시집을 내면서 다시 생각게 되었습니다.

그나마 이제, 꽉 찬 나이에 와서 몇 권의 시집이나 더 보탤 수 있을지? 한 권, 혹은 두세 권 더 낸다면 특별히 축복받은 건강이 만들어내는 거라고 감사해야겠지요.

어느 때부턴가 시인은 구도자求道者적이어야 하고, 詩는 고행苦行 속에서 얻어지는 결과물이어야 한다고 생각해왔습니다. 그런 시편들이 네 번째 시집에서 시작해 다섯 번째 시집에서 성숙되고 발전한 게 아닌가 생각합니다. 그러나 더 고행해야 할 구도의 길, 그 길이 어디쯤인지, 산인지, 바다인지, 헤아리기도 전에 영혼의 문제들이 자리를 잡고 앉아버립니다.

낼모레가 80이라는 나이는 어쩔 수 없는 모양이죠. 육신은 이 땅에 버려야 하고 영혼은 돌아가야 할 별을 그리는 많은 밤, 그런 생각이 오히려 자연스러운 시상詩想이라고 받아들인 시편들이 이번 시집을 꾸리는 데 상당수 차지합니다.

구도자적인 삶, 사려思慮 깊고 폭 넓은 삶을 시인의 사명을 지니면서도 영혼의 문제도 더욱 천착穿鑿하여 좋은 시를 써야겠다고 다짐합니다. 도반道伴들의 채찍과 격려를 기대하겠습니다.

'시인은 시인들에게 약속하고, 시인들에게 용서받고, 시인들에게 감사하고, 시인들을 기리고 우러러 삽니다.'

2014 갑오년 초가을, '언덕 위 하얀 집'에서

이 목 윤

차례

제2부

바람이 시인입니다

제3부

허수에 허수 곱하기

제4부

꽃잎은 금강으로 흐르고

제5부
전주비빔밥의 연분

제1부

영혼의 반짇고리

어느 봄날! 바람 따라가기

1. 세 사람 의기투합

이렇게 좋은 날은
좋은 일만 있는 거라고
바람 부는 대로 바람 따라 놀자고
땍께우 시인, 류껄렁 시인, 개목윤
세 사람이 한마디로 결정낸다.
가는 길도 노는 길도
사는 일도 죽는 일도
구름이 흐르듯 바람에 맡기기로
하나같이 의기투합
알량한 것들 다 벗어던진 봄날이었다

한 시절 한 계절이
철든 아이들을 만들어냈다
그래, 그날 우리는 철든 영혼들이었다.

2. 굴비, 잘못된 이름

고려조, 중서령 서경유수 이자겸이 셋째와 넷째 딸을 인종의 비妃로 삼아 등에 업고 매관매직 비리와 갖은 만행으로 권세를 누리며, 지군국사의 직위까지 넘보다 왕의 노여움을 산다. 이에 앙심을 품고 반역을 도모, 왕을 독살하려는 역모까지, 되레 딸인 왕비의 밀명을 받은 척준경, 김향에게 잡혀 영광으로 유배를 왔단다.

그가, 소금에 절여 말린 조기를 '굴비'라 했다는데
한자로는 屈非, 절대로 아니 굽힌다?
이런 아이러니가 또 있을까,
도둑이자 역적이 더 큰소리치며 붙인 이름이
지금까지라니, 참 알다가도 모를 일이다
아무리 말 못하는 물고기, 사람들의 먹거리가 됐을지라도
어처구니없이 불경스런 이름을 달고
어처구니없는 세월 따라 천년이다.

3. 우리도 점심은 굴비정식

물어물어 찾아간 동원정
소반부터 하 넓은 교자상이다
생선구이 열 가지에 나물, 장아찌, 젓갈…
서른 넘는 접시들 눈부터 찬란하다

그 으뜸은 고장의 자랑처럼 조기매운탕에 굴비구이
생일상보다 떡 벌어진 점심을 먹는다
입도 즐거워 언제 이토록 행복했던가
조 시인은 팔순잔치를 여기 와서 하겠노라고
명함을 얻어 곱게 곱게 깊이 간직한다
세 사람 모두 10년은 더 살아야 할 명분이 생겼다
조 시인 주머니에 든 타임캡슐을 함께 열어야 하니까.

4. 법성포를 지나며

백수해안도로 출발 기점에 섰다.
아- 그렇지! 먼 옛날 불교가 건너온 포구
그 최초 백제불교의 도래지를 보고 있네.
서역 만 리, 풍랑 위에 지고 뜨는 해 몇 날이었을까
마라난타 선사, 죽음도 불사한 전교로
저 피안의 언덕에 펼친 사원과 동상
간다라 미술의 삼원, 다원이 꽃피어 장엄하네.
그래서 포구 이름도 法聖浦.

되돌아가 참배하고 둘러보자는 제안에

세 사람 일렬로 서서
오줌줄기가 구부러지는 방향으로 하잔다
바람은 남으로… 쿡쿡 킥킥거리며
'다시 와야 된다.'는 숙제를 집어넣고
그 일마저 금방 잊어버린다.

5. 백수해안도로

한국의 아름다운 도로 100선 중 19번째
길 양편에 도열한 해당화
여름엔 태양처럼 붉은 열정이 장관일 테지만
오늘 한 계절은 벚꽃이 유난스레 탐스럽다.
명성만큼이나 아름답다고
아니 그보다 더 화려한 드라이브
바닷내 어우러진 나무, 들풀, 꽃길
연실 감기다 풀어지다 미끄러지는 환상
까무러치기 전에 차라리 깨지고픈 충동이다
류 시인도 흔들리는지 차를 세우고 모래톱으로 내려간다.

모래미 해수욕장, 흰 모래가 누구의 속살 같단다

꿈인가 생신가 모래톱을 꽉꽉 밟아본다
흰 모래 속살은
이 자유로운 영혼들과 함께 눈부신가.

6. 벚꽃에게

꽃들이 포도송이처럼 숭얼숭얼 매달려 피었다
한 사람은 품종이 다른 벚꽃이라
더 탐스럽고 빛깔이 다르다 우기고
한 사람은 해풍에 피는 꽃이라
더 화사하고 향이 진한 거라 우긴다.

그러거나 말거나 나는 미친다
수줍은 여인의 손을 받쳐 들듯
꽃가지 하나 쳐들어 얼굴에 대본다
포동포동 소담한 손등에
입술이 먼저 맥을 짚는다
아– 몽글몽글 부드러운 촉감
스르르 옷 벗겨 내리는 체취여!
눈 감기는 아지랑이 어지럽고

남근이 솟아오르는 피돌기 진저리
태양이여 이대로 져라, 촛불마저 꺼라
숨결 자지러드는 신방…
오— 그대는 열아홉 신부, 알몸이여!

7. 무안 '광백 천일염전 지구'

짭짤한 바람, 끝 보이지 않는 염전
참으로 넓어서 넓다.
언제부터 소금을 구하기 시작했는가!
바다 위에 펼쳐 논 인류의 장엄한 토목공사
바둑판처럼 줄 그은 네모가 이어가고
다시 이어지는 평원
하얗게 널린 소금
밀어다 모으고 끌어다 쌓는 광부들의 수작업
태양 아래 노동과 땀의 역동을 본다.

가두면 갇히고, 펴 올리면 올라와
태양에 제 몸 말리더니
소금을 떨군다

보석으로 반짝이는 희디흰 영혼

"바다여! 네 영혼은 소금이더냐—"
류 시인, 시 한 소절 읊어
허공에 띄워 보낸다.

8. 차창 풍경

진초록 아래로 연초록 피어나고
연두색 위에 꽃구름 피어나는 산
길은 남도 천 리 산허릴 끼고
풀었다 놓았다 돌아가는 바다 왈츠
구운몽에 팔선녀 번갈아 도는 춤이다.
백수읍 동과 하사리, 백바위, 설도항, 향하도
찍고 돌아 돌아 서역에 노을로 풀어지네.
오늘 하루 신선놀음
가슴에 고이 접었다
그리움 나걸랑 때마다 풀어보고
다시 접어둘래라.

9. 잠꼬대

올 만치 왔나 보다 연처럼 날아온 길
이제야 바람이 역풍인 걸 알아챘다
삼학도 앞바다가 불어 올리는 남풍
더는 갈 수 없다는 손사랫짓이다
맞바람 받아 더 부풀어 오른 짱구들 세 사람
해는 바다에 져버리고
하룻밤 나그네로 쉬는 잠자리도
방금 지던 해의 둥근 웃음으로 좋단다.

밤을 뒤채며
또 다른 여행을 꿈꾸는가
어디서 왔는지 모르는 본향을 찾아
끝 모르고 헤매는 영혼들… 조 시인도
류 시인의 잠결도 내내 여행 중인가 보다
피식피식 웃으며 냠냠거리는 잠꼬대
어디만큼 가까워진 본향의 길목인가
어느 인연의 주막에서 밥 한 끼 맛있나 보다.

10. 목포항

유달산에서 내려다보는 목포
삼학도 섬이며 해안선이며 포구
오가는 뱃머리마다
확 트인 바다, 물결 가득 넘실거리고
어선들의 깃발이 손사래 치고
잘 꾸며진 6차선 해안도로에
깃발도 바람 가득 펄럭이는데
이난영의 「목포의 눈물」만 애달프다

그와 그 외 모든 영혼이
이 항구를 떠났고 떠날 것을 슬퍼하는가!
아니다, 목포는 항구니까
떠나갔던 사람도, 돌아갔던 영혼도
언젠가는 이 항구로 다시 돌아온단다.

11. 유달산

유달산 새들은
시인을 알아보고 시인을 좋아하나 보다

–조시르르 냥냥
–조시르르 뾥뾥
조 시인이 가는 곳마다
"안녕하세요. 뽀뽀 주세요."
조 시인은 새들의 말을 모두 알아듣나 보다
–그래그래 안녕했다
–그래그래 뾥뾥
하나하나 챙기고 답하고
뽀뽀하는 한나절이 훌쩍 지나쳐갔다.

우리들 따라다니며 덩달아 좋더니
스멀스멀 겨드랑이가 군시려온다
류 시인은 꽁지뼈가 군시럽단다
우리들 모두 유달산 새가 되려나 보다.

단상 1
– 모과 향

제 몸 태워
사위를 밝히는 게
촛불뿐이랴

제 몸 말리면서도
누군가를 위해
모과는 향기로 남아 있다

너는 시인이었다
나이 들어 여위면서
무엇으로 남았는가

마지막 불꽃으로 사라질 땐
무슨 향
어떤 모습으로 피어오를까.

단상 2
– 눈물의 변주

눈물로 발등을 씻고
눈물로 입을 씻어내는 기도

천당과 지옥이
눈물의 양에 비례한다는데

울어야 할 눈물도 메말라 간다

어느 고리에 꿰어진
한 편의 드라마가 끝나 가는 석양

함께 울어줄 동행자도 없구나.

단상 3
– 청맹과니

그 갈림길의 회한이 남아
지금도 바보로 남는다

앉아서도 천 리를 본다는 일자유식 똑똑이
천 리를 왜장쳐
물길을 바꿔놓고…
하기야 매사가 그러했다

세상이 그렇게 달라질 줄이야
서서도 코앞이 깜깜한 청맹과니
돌아가는 길은 거기가 거기라고
바보 같은 위안으로 살아야 한다.

나에게 묻는다

한때라도
꽃처럼 피어서
눈물 글썽이는 영혼에게
핏물 뚝뚝 지는
감동을 베푼 적 있는가

한 번이라도
새처럼 노래로 울어
땅 끝으로부터 끓어오르는 회한을 쏟아
밤이 무너지는 울음
울게 한 적 있는가

과연 시인답게 살았는가
체면 털고 인정 털고
몇 사람이나 그렇다 대답할까

해 저무는 산모롱이에서
손가락을 깨물어본다.

눈물

눈물이 마른 가슴은 인형이어요
눈물은 마음이니까요
눈물이 마른 가슴은 황야이어요
눈물은 영혼이니까요

더 펑펑 울어요
처음처럼 검은 눈물이 흐르고
마지막처럼 붉은 눈물이 흐르고
슬프게 하는 모두를 용서하며 울어요
기쁘게 하는 모두를 감격하며 울어요

눈물로 피는 영혼의 아름다움을
가슴 가득 담고
눈물로 씻는 영혼의 아름다움을
숨껏 깊이 마시고…

눈물이 마른 영혼은 추락일 뿐이어요
눈물이 마른 영혼은 혼돈일 뿐이어요.

풍경소리 1
– 증표

유구한 세월의
바람 앞에
점 하나 찍고 가지만

바람은 또
얼마 후면
그 점마저 지워버릴 게다

그래서 사람들은
추녀 끝에다
증표로
풍경을 매달았나 보다.

풍경소리 2

– 자유

그래, 하나의 정물이었지.

바람이 몸을 흔들어주면
깨어나 소리가 되고
그 소리 붓다의 귀를 돌아 나오면
무명無明을 밀쳐내
생각이 되고
말이 되는

말은 다시 바람 따라
숲의 요정과 소통하고
만리장천에 구름과도 어울려
춤추는 자유여야 하는데

그물 없는 허공에도 걸리고
헛짚어 넘어져 쌓는다.

풍경소리 3

– 질량불변

변하지 않는 것
어디 있으랴
어제 핀 꽃 내일은 진다

사람도 결국
지수화풍地水火風으로 흩어져
겉모양은 바뀌지만…

'부증불감不增不減' 부처 말씀을
20세기 와서야 누군가가
'질량불변의 법칙'이라 밝혀냈다던가!

별똥별 사라져도
우주의 에너지는
가면 오고 지면 뜨고
원 모양 그대로란다.

풍경소리 4
– 착시

차창 밖
가로등이 뒤로 도망치고
산도 강도 옆으로 흐른다
착시다
만상은 그대로인데
열차가 달리기 때문이다

해가 뜨고 기운다
달이 가고 은하수도 흐른다
착시다
지구라는 열차가 달리고 우린
차 안에서 밖의 해와 달을 보기 때문이다

흔들림도 소음도 없는
아주 편안한 열차
지구라는 마하摩訶 코레일 안에서
우주를 조망하는 즐거운 여행이다.

* 마하: ‘마하반야바라밀다심경’의 마하(아주 ‘넓고 크다’의 뜻)

풍경소리 5
– 인연

아이들의 숨바꼭질
숨으면 없다
찾으면 있다

'가면 없고 오면 있다'의 정거장

1로 시작하는 있음의 출현과
0으로 끝나는 없음의 소멸이
주판 위에 있듯이
출생의 만남도
사별의 떠남도
우주 안에 '있다 없다'의 인연

색즉공色卽空
공즉색空卽色

영혼에게 1

연잎이 아무리 넓어도
별이 내린 이슬은
한 방울
네 영혼이니라

부서질까
때 묻을까 아린 맘
두 손 받쳐 든
푸른 손이 떨리는구나

그래, 발아래
탁류가 흐르고
황색 바람이 불어 흔들지라도
물들지 마라
물들지 마라

그대로 맑고
투명한 빛이었다가
다시 반짝이는 별님을 담아야 하느니.

영혼에게 2

생사의 강도 애증의 산도 넘어
달리고 울고 웃던 도끼여

이제 쇠잔해진 육신
두 박자나 느린 흐름 때문에
닦아서 접고 싸매고
선반에 올려 둔다만

녹슬지 마라

너는 언제나
푸르러 반짝여야 하느니
녹슬지 마라

다시 별나라 부름 받아 가면
아홉 자 통나무 장작을 패듯
산이 쩌렁쩌렁 메아리 돌아
시詩가 되듯
언어를 쪼개고 쌓아야 하느니.

영혼에게 3

육신 죽어져
불꽃 되어 날아가는 날
함께 날아 업경대에 이르면

살아온 이승이
차례로 비추어진다고

오른쪽 추엔 벌과罰果
왼쪽 추엔 선과善果
시소를 타다 끝내 기우는 쪽?

나 잘한 게 뭐 있어
나 베푼 게 뭐 있어

부끄러워 부끄러워 한사코
영혼마저 추락하여
한줌 재로 돌아가는가.

나의 영혼은

한 사람의 영혼을
'21그램'이라 규정한 영화도 있었다
이어령 씨는 『지성에서 영성으로』의 저서에서
메사추세츠 병원의 실험결과를 빌려 '35.4그램'
또는 룬데 박사팀의 실험을 빌려 '21.26그램'이라 했다
무게로 하면 '방울토마토' 하나만 한 것

나 어릴 때 할머니는
사람이 죽을 때 몸에서 빠져나가는 영혼은
'반짇고리'만 한 불이 되어 날아간다 하셨고
족장뻘 되는 마을 어르신은
쨍과리 짝만 한 푸른 불빛이
돌면서 하늘로 올라간다 하셨다

그럼 우리 몸 어디에 들어있다 떠나는 걸까
머리! 가슴?
뇌가 들어 있는 어느 옆 구석인가
심장, 폐, 어느 쪽에 살다 떠나는 것일까
마음은 무엇인가! 곧

영혼이라는 불이 마음을 열었다 닫았다 하는 주인인가!

벌떡 일어나 한참이나 궁금증을 쓸다
화단에 핀 국화 송이에 홀연 마음이 간다
나비 한 마리 가슴 주머니에서
포르르 날아
국화꽃을 접수하고 꽃잎을 희롱한다.

영혼의 반짇고리

머지않아 영혼과 육신이 서로 갈라져
수고로웠던 몸뚱인 흙으로 돌아가고
영혼은 별로 떠나는 이별을 생각하는 나이
내 영혼을 위해 반짇고리 하나 엮어야 한다

푸른 빛 불기둥 남 눈에 띄지 않고
편히 앉거나 누워서도 잘 나는 반짇고리
몇 밤 몇 날을 날아서
은하수 어느 별에 가 닿아야 하니
비바람 천둥에도 안전하고 튼튼해야 한다

다 비우고 깨끗이 부시어낸 깃털
씨줄 삼아 지혜를 날줄로
가볍고 투명하게 엮어
낮은 기류에도 잘 비행하는 반짇고리여야 한다

어느 별인지 지금은 몰라도
별에서 왔다 별로 돌아간다는 믿음 하나
머지않아 만나는 새 별을 위해

이승의 아픔이며 설움이며 미움일랑
감기 '바이러스'까지 잘라내어 묻어두고
지구별에서 피우던
꽃과 나무와 풀떨기와 이슬
나비와 새들의 웃음만 실어 보내야 한다

이제 마지막으로 반짇고리 엮는 내 일과는
태교胎敎하듯 귀 기울이고 어루만지고
아름다운 것만 보고
아름다운 것만 말하는 평화로운 몸짓이어야 한다.

가을 뜨락에서

떠나야 할
채비를 갖추는 뜨락에

노을빛 하늘이 더
푸지네

살아온 날
수없이 구겨 던진 파지破紙
파지가 낙엽 되어
날아오르네

애면글면 쫓아온
뒷모습
바람으로 흩어지네.

제2부

바람이 시인입니다

암자에서 1

고요가 내려앉은 산중
병풍바위 아래

나를 들여다본 나처럼
누더기 진 너와집

다람쥐 한 마리
법구경을 외우고 있는가!

비어 있어도 가득한 세월
점 하나의 기다림
그 밖에 세상은 푸르고 푸르더니

스님은 돌아오지 않고
먼발치로 저녁노을이 깔린다.

암자에서 2

귀의삼보하고
올려다본 스님 얼굴

가물거리는 불빛 뒤로
닮은 듯 선험先驗 같은 내 얼굴

삭정이 나무 있어 아궁이 데우고
열매 주는 나무 있어 배부르니
땡중이 돌아가는 길 족하죠

무엇을 찾으려 왔냐고요?
모른다는 답 하나 얻으러 왔나 봅니다

끝내
모른다는 답 하나를 향해
돌아가고 있나 봅니다.

암자에서 3

별이 초롱초롱 내리는 밤입니다
나는 너럭바위에 앉아
왠지 모를
설움에 겨워 눈물이 납니다

울 테면 흥건히 울어
이 바위에 샘이 파이고
샘물은 흘러 강이 되었으면 합니다

얼마나 울어야
얼마나 가슴 쪼아 울어야
샘은 넘쳐 강물이 되나요?
강은 흘러 돌아가는 굽이마다
쓸어안은 눈물바다에 모이고

나, 영혼의 시원始原이
바다에 담기는 꽃으로 피어날까요.

초록 비타민의 꿈

5월의 푸른 산, 산그늘에 누운
가난한 시인
초록 음이온에 취해
이상한 나라로 바뀐 이상한 비타민의 꿈을 꾼다.

아침은 초록 비타민 잎새 하나
점심은 분홍 비타민 꽃잎 하나
저녁은 까만 열매 한 알의 만찬
아줌마들 장바구니가 없어져 마냥 좋단다
노랑 이파리 한 잎 태워 난방은 절절 끓고
햇살 한줌에 충전되는 빨간 전지로
천 리를 누비는 수레를 타고
아저씨들 살맛나는 세상이라 싱글벙글이다
경제논리가 사라졌는데
과외? 학원이 왜 필요하냐고 되묻는다
아이들 시험에서 풀려나고
정규직 비정규직도 없고, 보수도 진보도 없어
필요할 때만 일하고 남는 시간 몽땅 논단다.

그래! 우린 원래 에덴의 자유인이었다
굴뚝이며 쓰레기며 노동이 왜 있었던가
영물이라는 인간의 발자국…
과학, 문명, 양날의 칼에 피 흘리던 너와 나
어제는 벌써 없어진 나라, 갈수록
지엔피 지수가 오른 만큼 가난뱅이는 늘고
아날로그에서 디지털로, 스마트폰으로
신제품 홍수에 떠밀리는 바보는 늘고
막다른 폭발로 내닫는 질주…
저 질주가 멈췄다고?
시인의 꿈나무가 드디어 자랐다고
야호! 야호! 원래대로 돌아간 에덴의 나라라고?

휴대폰에 메시지 하나 못 찍는 기계치
시인은 뒤로 밀려도 더 천천히
시인은 바보라 해도
저 5월의 산그늘에 누워 더 꿈을 꿀 것이다
싱그러운 초록 푸른 나무에
시인의 빨간 비타민이 피고 열리기 때문이다.

짐 하나 더 벗어놓고

천천히 느린 숨으로
마실 길 끝나는 날까지

가다 해 저물면
짐 하나 더 벗어놓고

굽이굽이 천천히
네 이승의 영혼을 다스리는 길

가다 들길 끊기면
거기 호수가 열리는 길

넘쳐 바닷길 열리면
거기 하늘 맞닿은 길.

바닷가에서

아침에 남기고 지나온
우리들의 발자국과 웃음꽃

파도가 밀려오더니
찰싹찰싹 손사래 쳐 지우고 떠났다

파도의 손길이 경이로워
부시도록 흰 바탕에 새로 지은 물결무늬
우리가 남긴 웃음꽃은?

아! 이승에 왔다 간다는
내 이름 석 자
끝내 부끄러움일는지 몰라.

매미처럼

폭염을 녹이는 열정
가슴에 시리다

7년이나 애벌레로 기다리던 힘
한 올로 쏟아내는 치열

시인들이여! 그대들의
'습작 노트'가 저토록 울림이 차던가
어제 목 놓아 울었으면
오늘은 마지막 날인 양 울어라

태양이 부끄럽도록!
하늘이 서럽도록.

왠지 몰라요

대금
한 소절 울고 간 자리.

흘러가는 바람 소리
구름 몰아 들이고
계곡 흔들어
폭포 일으키는 물길

가슴 젖은
소나무도
우-후후후 일어서는데

내가 쓰는 詩는
대금 한 소절만 못해

-왠지 몰라.

나비야! 청산 가자

나비야!
청산 가자
친구 삼아 훨훨 가자
가다가 꽃 속에 들어
술래잡기 놀며 가자

아직 이승의 정분이 강으로 넓다면
강 언덕 풀숲에 들어
네 전생前生이듯
애벌레로 일곱 밤
실 뽑아 지은 꼬치 속에 또 한 밤
여덟 밤 자고 나면
돛단배 돌아와 기다리겠지

나비야!
청산 가자
짝꿍 되어 훨훨 가자
동풍에 떠나는 돛에 앉아
바람의 노래로 살랑 가자

아직 이승의 숨결이 색이라 이르면
바위 아래 풀숲에 들어
하얀 잎이면 하얀 이슬로 씻고
빨간 잎이면 빨간 울음 울어
네 전생이듯 또 여덟 밤 자면
호랑 무늬 호랑 나래 되겠지

나비야!
청산 가자
단짝 되어 훨훨 가자
절벽 넘어 하늘 닿은 청산
구름의 노래로 훨훨 가자
우리들 본향으로 훨훨 가자.

동행자의 정담

정담情談 **1**

한길의 동행자
수저와 젓가락의 인연이다.

'연분이란 양파껍질 같은 거'
벗기지 마라
눈 맵지 않은 정분 있으랴.

가슴에 삭인 친구는
죽어서도 생각나
눈물짓는 인연이란다.

정담情談 2

머리는 냉철하고
가슴은 뜨거워야 한다.

'가슴으로 사랑하고 가슴으로 써라'

가슴을 달구는 건
눈물이다
목이 메여 말을 줄이는 눈물만이
詩요
영혼을 씻는 묘약이란다.

정담情談 3

여보게 우린
죽도록 詩를 지어도
'한나절 피었다 지는 꽃 한 포기만 못 하다'
말하더라

우주에 가까워지고픈 눈물겨운 몸짓

더 많이 울게나
눈물의 양에 아름다이 비례하는 거리.

정담情談 4

좋음도 싫음도
성냄도 웃음도
동전의 앞뒤 같은 것

예쁨에도 미운 그림자 있고
미움에도 예쁜 그림자 있어
함께 가는 길이다

주사위 던져 보지 마라
눈물로 발등을 찧는다.

정담情談 5

낙엽, 또 한 잎 진다
입동절 찬비 내린다.

울고 계십니까?
아니, 이제는 아니야
푸르름 다해 씨앗을 익혔으니
이제 돌아갈 뿐이야.

12월의 뒤안길로 사라질 때는
찬비로 내리는 눈물일 게야.

- 친구 생전의 정담을 재구성하여 친구의 영전에 바친 글.

베레모 그 여인의 사랑

1.

'세상이 부끄러워'
'아무도 못 만나겠다.'고
그리 말하대요.

하늘 아래, 땅 위에
죄 없는 죄인 하나 남겨놓고
훌쩍 떠나버린
'그이'가 미워 죽겠다고…

눈시울이 붉어지더니
금세 진주 같은 눈물이 뚝뚝 지데요

그날처럼 목 놓아 울던 울음이
쏟아질 것 같은지
'저 가봐야겠어요.' 젖은 목소리
황망스레 자리를 뜨는데
벌써 등 뒤로 어깨가 흔들리데요.

2.

숭고한 사랑이라고요?
아니에요, 숭고함은커녕
찢어지게 얄미운 등신인 거예요

야하게 욕하고, 쥐어박으면서라도
오래 살아주어야
고운 정 미운 정 사랑이고 행복이죠

그날부터 달맞이꽃처럼
검은 밤을 헤매며, 노랗게
노랗게 피어 죽이도록 미워하고 있어요

말하면서도 그미의 눈은
너무 그윽해 '영민'이가 가득 담겨 있었어요

저 호수처럼 비치는 눈을 못 잊어
'영민'이 어떻게 눈을 감았을까!
왈칵, 녀석의 죽음이 다시 서러워지데요.

3.

석류 같은 음성
소곤소곤 귓가에 돌아오면
그리움에 미치는 하루

꿈을 꾸면서라도 살아야 된다고?
입맞춤도 없는 밤
이부자리 체취만으론
꿈이 아니 오는데 무슨 꿈으로 살라고요?

자릴 뒤척이다
아— 차라리…
가시나무라도 내 몸에 심고 가셨다면

쿡쿡 쑤시는 고통
'그이' 내 안에 있는 듯
욕이 되어 돌아오는 아름다운 아픔으로
날이 지고 밤이 샐 텐데요.

4.

'하늘 아래 첫 동네'
산중으로 이사를 했어요
하늘이 더 가까워지도록…
또 밤마다 별을 헬 수 있으니까요

하지만 '그이' 영혼은
어느 별에 있다고 대답하지 않아
폭폭해 죽겠어요
그래도 더 폭폭 썩으며 별을 헤어요

예전엔 미운 게 사랑인 줄 알았어요
이젠 폭폭한 것도 사랑으로 알고 살아요
그러기에 나 '그이'에게 돌아가면
앙탈만 남을 거 같아 겁이 나요

제법 많은 이야길 하고
조금은 석삭은 척
말하고 웃으며 사이사이 눈물이었어요.

5.
자주 가슴이 답답해 와요
삭신이 얼음같이 시리다가도
어느 땐 불같이 뜨거워요

이제 '그이' 영혼이
날 마중하려는 예감인데
우린 뜨거운 만남일까요, 다시 서러운 이별일까요?
그게 겁이 나요, 무서워요

그런데 선생님!
병원에선 날
우울증 중증 환자래요

그날도 그미는 짧게 말하고
더는 앉아 있기도 버거운지
곧 돌아서며 어깨를 들썩이는 게
또 가슴으로 흐느끼는
눈물을 밟고 돌아가는 거였어요.

6.

이젠 베레모도 벗어버리고
막 사는 여인처럼 헝클어져 있었어요

단정하고 아름답던 모습은 사라지고
진이 다 빠져버린 낙엽 같은
허접이 내 앞에 앉아 있었어요

'어젯밤까지'
'별을 25만 8천 개 헤었어요.' 하며
웃는 얼굴이
곧 우는 얼굴로 바뀌었어요

또 안됐다는 생각밖에 어쩔 수 없어
가슴이 아리다
속으론 분기가 끓어올라
몹쓸 사람, '영민'이 몹쓸 사람…
속으로 욕만 뇌까리다
그미를 또 그냥 그렇게 보내고 말았어요.

7.
손전화가 숨넘어가는
급보에 달려갔더니

육신은 산막에 벗어놓고
그미의 영혼은 벌써
'그미의 그이' 영민에게로 떠났어요

별만 헤다 별 속으로 간
그들의 하늘, 32만 개쯤의 별에서
아니면 몇만 개째의 별에서
서로 안고 입 맞추었는지…

나는 그들의 별을 알 수 없어,
모르니까 저들의 죽음이 더 안타까웠어요

불꽃 사그라지고
재 한줌 넣어주는 단지

단추를 다 풀어도 어쩔 수 없는
한 폭 오지랖
친구 영민의 유골을 안았던 그 오지랖에
다시 1년 후
그미의 유골을 안고
내 서러운 손으로 강물에 뿌리는 허망함

'영민'이 그에게 남은 것
풍진 세상에 던져진 마지막이
한 줄, 하얀 띠처럼 강물에 흐르고 말았어요.

꿈길에서 1

시詩를 찾아 헤매다
시를 찾아 헤매다 길을 잃고
어딘지 모를 양지뜸
바둑 구경에 빠져 있었네

날 가고 달 가고 배고픈 줄 모르던 수담手談
축逐에 몰린 흑 돌에 소스라치고
오른쪽 날개도 환격還擊 속에 있는 절망
깊은 신음 깨어보니 딴 세상
해 저무는 첩첩 산속이었네

할 일 없는 나날 시장기에 시달리다
주워든 시어詩語 한 줄 겨자씨 알갱이
엉망진창 누더길 벗기고 벗기다
비바람 속에 갇히는 백치

온 길도 가는 길도 생각이 안 나
왜 왔는지도 잊어버리고
나도 잊어버렸네.

꿈길에서 2

정신을 어디다 팔고
안경 쓰고도 안경 찾아 헤매다
매화 가지 끝에 잎이 피는 봄날에야
비로소 메모를 하고
내 안에 나 있음을 알았네

길은 동서남북 네거리
파랑불인지 빨강불인지 몰라
경적 소리에 나자빠져 깨보니
가나오나 앉으나서나
잃어버릴 수도 팔아먹을 순 더더욱 없는 나
내 안에 나 있음을 알았네

바둑 두기 술 마시기 다 내려놓고
나를 가둔 몇 달 오후에야
바람 잔잔하던 내 호수 안의 호수에
얼비치는 초라하고 게을러빠졌던 사내
비로소 심지 하나 세우고
합장하고 있는 나를 보았네.

이정표에 서서

참으로, 먼 길을 돌아서 왔습니다
쉬이 다다름은 예禮의義가 아니라는
성현의 말씀 따라서입니다
하여도, 뜨락에 꽂을 만한 깃발 하나 없고
구석진 곳에선 아직도
가시나무 잔해가 새김질하는
염廉치恥가 잡풀로 남았습니다

어쩔까, 산 날보다 살 날이 짧아!

그래도 다행이라면
한 뼘씩 두레질해 온 밭고랑
보람의 장미는 뿌리를 뻗고
씨방의 숨소리 위로 바람이 일면
새들이 날아와 뽕뽕 놀다 갑니다

달 저문 밤이어도
별들이 아롱다롱 내려와
눈물 같은 소망을 잉태하고 있음입니다.

어느 여름날에

나비 한 마리 날아들어
남기고 간 말꼬리 찾아 헤매다
밤이 말갛게 떠나고 해가 솟는다

눈이 벌겋소, 그게…
마누라 '그게 그토록 어려우냐'는 표정에
부끄러워 눈물이 난다

눈물방울이 또르르 굴러
난蘭 잎으로 떨어진다
방금 떠오른 햇살을 받아
반짝 빛나는 보석

와– 눈이 부신데
흰 나비 날아 홍자색 꽃잎을 희롱한다
이럴 수가! 이치는 저리도 쉬운 걸–

아내가 기르는 난이 시詩다
아내는 한발 앞서 시를 쓰는
언제나 나의 스승이었다.

바람의 새

바람의 새이고자 날개를 퍼덕입니다
돌아온 세월을 거슬러 퍼덕입니다

남은 몽고반점도 닦아내고
볼에 박인 굳은살 뽑아
줄이고 비워 더 높이 날아오릅니다

멀리 도솔천을 돌아 넓은 땅
넓은 만큼 경계도 지워
하나로 걸림 없는 영혼
하나만의 꿈을 더 높여 날아오릅니다

다시 태어나는 나이테에
만다라의 깃발을 펄럭이는 바람의 새

안나푸르나 설산에서도
더는 죽지 않는
없음도 없고 있음도 있음인 자유
이과수 폭포도 사뿐히 내려앉는
늘지도 줄지도 않는 나이로.

바람이 시인입니다

바람이
떡잎을 키우고
초록빛 여름을 몰아가면
가을은 붉은색 낙엽으로 바뀝니다

내 詩가 홍시로 익었다 해도
내 詩는 바람이 쓰고
바람이 지우고

詩의 눈 하나
바람의 인연으로 자라
바람으로 피어나 애드벌룬으로 걸립니다

나는 詩를 못 씁니다
바람이 시인입니다.

제3부

허수에 허수 곱하기

식탁 위의 수다

아침 신문에서 잠깐 만난
송영애님의 고운 손길이
우리 집 저녁 식탁에 다시 왔다

적상산 동굴에서 발효된
구천동 머루 와인
숙성을 마치고도 5년이나 잠들었던
우주의 비밀을 깨우는 설렘

송영애 그미는 오케스트라 지휘자
손길이 코르크 마개를 뽑는 순간
마지막 악장을 연주하는 피날레가 된다

햇살, 노을, 바람, 구름…
달, 별, 우주의 하늘이 열린다.

나는 무주공산에 뜨고…

* 송영애님 : 기전대학(호텔외식조리학과) 교수, 『전북일보』에 1999년 9월부터 2010년 6월까지 「식탁 위의 수다」를 연재한 푸드코디네이터

새 옷 갈아입을 때

동서남북 하늘은
새댁 돌아오시는 길
청사초롱 불 밝혀 기다리는데

색시비 내려오듯
수줍은 몸매
소곤소곤 아련한 그리움으로
해마다 벗어놓는 나이

해마다 새 옷 갈아입어도
부끄러움의 칙칙한 무게는 남아
아직은 꽃도 아니고
바람도 아니네

얼마나 더 치대야
민들레 홀씨로 뽀얗게 날아갈까.

파도에게

너는 항상
젊고 가득해
소리 높여 내닫는 영원

이제 날 놓아다오

함께 춤출 힘 없어
그리워할 꿈도 접어야 한다

사람 사는 일
김 한 장, 화로 위에 뒤집는 것

유한과 무한의 차이란다.

소를 보며

소는 여물을 먹고
어제를 반추한다

아름다웠는가
정의로웠는가?

그렇게 화해하고 넓어지고
꽃잎이 환한 눈동자

너는
그보다 등가等價 높은
밥을 먹느니라.

개밥

밥 빌어다 죽 쑤어 놓으니
개가 먹었다고 투덜댄다

애초 함께 사냥하던
그 일용한 양식은
개랑 먹어야 옳은 것임을 알라

주둥인 땅에 끌면서
입은 하늘로 짖어대는 술수
높다는 지능은 개 코보다 낮은 뒷간이다

모르는 것 같지만
개만 못한 구린내를 개는 안다
대대로 훔친 개밥 먹으며 도둑인 것이다.

민들레 소녀

아무 치장도 없이
피리 부는 소녀의 키로 서서
노란 꽃 흔드는 원광

아름다운데
맑고 예쁜데
왜 푸른 한숨이고 눈물인가

유리조각 두텁게 눌린 땅에 내려
천식 같은 숨을 몰아 싹 틔우고
칼바람에 갈라지는 서러운 세상

태초 시원始原으로부터 날아와
정작 되돌릴 수 없는 숙명

맴돌다 맴돌아
반복되는 하강과 비상의 곡선인가.

술 안 마신 날

술 안 마신 날의 나는
바람에도 헹구어지고
햇살로도 잘 걸러져
한 생각 버린 깃털로 소풍을 나가네

꽃 향에 취하고
구름결에 또 취해
새소리 듣노라면
나무가 되고 나비가 되고
마침내 동풍 따라
서역으로 떠나는 일행이 되네

혈관마다 새 힘의 수혈輸血
세포마다 차오르는 광휘光輝
이대로 자연이 되어 우주가 되어
자유로운 영혼 자유로워라

날마다 안 마시는 날로
언제나 맑은 샘으로 깨어 있어야 하네.

본성本性

1.
찡 찡 장 영감
어떻게 지내시는가

뒷산에 허 서방 있어 허허허
구름 흐르는 대로
앞산에 하 서방 있어 하하하
바람 부는 대로

세상사
그냥저냥 살다 보면
그냥저냥 넘어가요.

2.

감 놓아라
배 놓아라
엿장수 맘대로랑께

생긴 대로 햇살 좋고
바람 잘 들와

그건 느그덜 생각이지

그냥
내비나 두어 좀…

안경을 바꾸면서

노화老化가 시작된 눈은
3년마다 안경 도수를 높여주어야 하는 거란다
이제 기성품으론 맞는 도수가 없어
주문 제작을 해야 하니 사오 일 걸린단다
나, 몇 번쯤 돋보기를 바꿨던가?
허– 참! 그렇게나 나일 먹었구나!

어디 눈의 늙음뿐이랴!
스스로 느려진 동작 때문에
지청구를 당하는 웃음은 약과요
병원 창구마다 기다리는 두세 시간은 약밥이로고!
"내 나이가 어때서? 딱 좋은 나이!"
아서라! 딱 '안경 주문 제작' 나이이다

–까불지들 말아야지, 집으로 가–
다시 안경으로 유폐된 사오 일
다소–곳 돌아앉아서 불경이나 듣자
아직 내려놓지 못한 애증의 세월도
아니다 손자들에게 보내는 기대와 박수마저도
한 옥타브씩 내려놓자.

아내의 회심가

비라도 올 테면
좌락좌락 쏟아질 일이지
가슴이나 시원스레

밥맛도 심드렁
물맛도 미지근
텔레비전은 채널마다 그저 그렇고

기다리는 사람 없는데
앉았다 섰다
이도 저도 손에서 달아나는, 나 몰라라

전화벨도 잠을 자는가
화두 하나 없고
하루 내 서성이는 아내의 회심

오다 말다 부슬부슬
비라도 좌락좌락 쏟아질 일이지.

10조와 5천 원

'어느 유치원 나왔니?'
'어느 레스토랑을 즐겨 다니니?'
두 마디로 1%의 상위권 중에도
문화 계급이 나뉜다는 씁쓸한 유머

아흔아홉 중에도
브랜드 커피만 찾아다니는 사람
자판기 커피 한 잔으로 행복한 사람…
대기업 회장도 한 표, 촌부도 한 표인데
문화는 같은 한 장을 허용치 않는가 보다

삼성 이 회장의 자산이 10조를 넘는다는
주먹만 한 기사 옆에
칼국수도 평균가격 5천 원이 넘었다는
8포 활자가 서럽게 대비된다

부자라고 모두가 고급문화
가난하다고 모두 저급문화로 나누는 오류?
10조 원과 5천 원의 차이!

문화권력, 문화취향의 기준이 아닌 세상을 꿈꾼다.

* 『전북일보』(2013년 3월 13일 화요일) 김진아(익산문화재단)님의 「10조와 5천 원의 아비튀스」 제목의 글을 시로 재구성하였음.

허수에 허수 곱하기

빠르게 왔다 빠르게 사라져
날마다 달라지는 IT문화
정녕 제로(0)를 곱하는 허수虛數 아닌가

세우고 쓸어버리는 제로 곱하기
속도에 걸리고 마법에 넘어져
와글와글 무너지는 사람들

어제의 여자는 오늘의 첨단을 버리고
내일 다가오는 새 왕자와
짝짓기를 해야 하는 버림의 릴레이
지구의 신호등이 빨간불인 것도
아랑곳없네

'설마'에 너와 나 모두가 잡혀
피 흘리는 적도의 춤판
벌써 조짐을 보인 최고 최대의 홍수
가뭄, 폭설, 태풍, 토네이도…
문명은 싹 쓸어갈 허수에 허수 곱하기.

알 수 없어요

꽉 깨물어서 피 흐르는
아픈 詩를 써야 하나요
지는 꽃잎 서러워
눈물 뚝뚝 지는 詩를 써야 하나요

어쩜 돌덩이처럼 단단해
무거워 못 쓰고
반죽처럼 흐느적여 심지가 없으니
어쩔 수 없는 해바라긴가요

땅심 얕아 벌써 우물 말랐는가
아무리 들여다봐도
성에 안 차는 못난 詩들
나는 여태 앞가림도 못 가리는가 봐!

그렇게 어려운가요 네?
알 수 없어요.

취해 있는 것들

깨어 있어야 할 것들이
모두 요지경으로 취해

정작 살아 있는 사람 몇이
신문고를 두드리거나 아우성이어도

머리만 감추거나…
꼬리만 내놓거나…
가운데 토막은 무시하거나…

벌써 몇 년, 몇 대째냐?
엊그제 올라온 새 년놈들도
에이원, 광우병, 대운하, 일찌감치 취해 있으니
한다는 말 모두 혀 꼬부라진 소리…

정작 살아 있는 사람
촛불을 들었지만 주여!
이 나라는 어디로 가야 하나이까?

실패한 자화상

저- 흐린 강 밑바닥에
갈증에 부대끼는
자화상 하나
밧줄 다듬고 있음을 보네

남편으로도 실패한 자화상
아버지로도 실패한 자화상
시인으로도 실패한 자화상
무엇 하나 세울 게 없는 삶
온통 부끄러움을 눈치챈 자화상

나이 들자 철들며
뒤돌아보는 눈이 열렸는데
더는 돌이킬 수 없는 세월이
마주 서서 밀어붙이는 바람

저- 산, 산 높은 골짜기
영혼 하나
늦은 부지런 내어
짚 축여, 새끼 꼬고 있음을 보네.

어르신들의 신음

아이들이 먼저 배웠다
야망을 지니고 버티고 버티면
대거 성공하는 사람들의 비결을…

제1. 군대 안 가고 잘 빠져 나가기
(나이 들면 흐지부지 구렁이 담 넘어가니까)
제2. 논문 표절과 중복 게재 잘하기
(중후한 학벌과 실적 있어야 연줄 대니까)
제3. 위장 전입 물 먹듯 잘하기
(카멜레온처럼 변신의 귀재여야 하니까)
제4. 부동산 투기 전매 잘하기
(많이 먹어도 배탈 없는 몸이어야 하니까)
제5. 세금 탈루 포탈 잘하기
(큰 고기한테는 스스로 찢어지는 그물이니까)
제6. 리베이트 잘 뺏어 돈 벌어놓기
(금박 명함을 내밀어야 줄을 잘 서니까)

힘없고 못 가진 백성은 하나만 틀려도
칼날이 내리는 법치국가의 청문회장

끼리는 끼리끼리 속보이다 저들끼리 출세시키는 비결
아이들이 먼저 배우고 익혔다

어쩔거나!
'윗물이 맑아야 아랫물이 맑다.'는
속담을 어찌 풀어야 할지
몸살을 앓으시는 어르신들의 신음에
대한민국이 곪는다 동방예의지국이 삐걱인다.

눈병

귀는 벌써 이명耳鳴을 앓고 있었다
그게 사랑이 되어
파장 방해 전자파가 울어
들어서는 안 될 것 교란시키니 되레 감사하단다

망막시신경퇴화? 기왕 찾아온 연분이면
열심히 끌안고 사랑하리라
어두울 테면 칠흑으로 어두워라 까짓
가슴으로 보는 눈 하나 뜨이겠지.

닫히고 막혀도
갇히고 싸여서
마음의 눈 하나 심지 세우고 살아도
화석 열리면 다 말하는 3천 년 미라

슬퍼하지 마라
계절은 덮어줄 낙엽을 주지 않니
괴로워 마라
하늘은 다져줄 이슬을 내려주신다

오래 더 오래
깊을수록 찬란한 금빛 섬광의 환희다.

제4부

꽃잎은 금강으로 흐르고

화문석에 우담바라 피어

어느 조화로 돌에도 꽃이 피는가
수백 송이 작은 꽃들의 들러리에
얼싸인 큰 꽃 하나
연출도 기막힌 무궁화동산이다
그래서 지존의 이름 수석이요 화문석인가

얼마나 반했던지 가슴앓이 몇 달
기둥뿌리 하나 뽑는 맘으로 모셔 왔는데
더더욱 반기는 아내의 손길
털고 닦고 정이란 정 다 내주고
서방님은 뒷전이라 그래도 화목한 나날

어느 한 날, 큰스님 오서서 경배하고
'이 댁은 우담바라 꽃이 피었네요.'
'-날마다 영원불멸의 세월을-'

여태 몰랐던 무지, 아- 우담화였구나!
정신이 번쩍 나는 환희
두 손이 절로 합장 나무관세음보살….

수석壽石 전시회 보기

1.
로댕의 고뇌하는 사람도 있고
미켈란젤로의 성모 마리아도 있고
산과 계곡
바다가 출렁이는 소리 들리네
해가 뜨고 조각달이 지고
숨 쉬는 지구, 우주의 전부다

날줄을 날아 어느 별이던가?
아님, 씨줄의 어느 씨받이에 내려
거북이도 되고 토끼도 되어
다시 사람 곁으로 환생하는 돌이여!

어느 산하 어느 강 속에 들었다
뉘 인연으로 여기 와
날 설렘으로 흔들고 환희로 눈물지게 하는가?

쉿! 조용
시방 저 새는
또 다른 우주의 '알 깨기' 중이라네.

2.

사람은 새길 수 없는 무늬
그 누구도 빚을 수 없는 형상

비바람과 우박, 눈보라는
몇만 번이나 다듬고 깎고
몇만 년을 굴러온 세월이었을까

어느 모양새, 어느 풍광 앞에서도
저 신묘함, 탄성, 환희, 경외…
발길을 잡아 세우는 말씀은
시원始原의 비밀을 감춘 인고의 묵시默示

독경 듣는 보살 같기도 하고
설법하는 스님 같은 거룩함에
나도 합장하고 돌이 되어도

들을 수 없어 읽을 수 없어
눈도 잃고 말도 잃어버린
난 수석 아닌 한 개 돌일 뿐이네.

인터넷 안 하면 어때

나무는 '아날로그'를 몰라도
새들이 날아와 노래 부른다
꽃은 '디지털'을 몰라도
꿀벌이 날아와 양식을 구한다

더 배우려는 맘 욕심일지 몰라
모르는 게 약이라 했거든
아는 것만큼만 알고 살리라

『사자소학』『대학』 돌고 돌아
귀향길에 들었는데
계절 가는 대로 옷 정갈히 입고
먼데서 오실 동무를 기다려야지

동무 따라가
어느 산모롱이 둘레길에
한 송이 들꽃이면 족하리

두통을 앓는 이유

그제는 아날로그
어제는 디지털
오늘은 탄소, 나노, 니트…

눈만 뜨면 반짝
새로 나온 첨단이
첨단을 깔고 앉는다

저만치 밀려난 나일론 세대
거품 물고 따라와서 내일은
또 뭘 배우고 뭘 바꾸어야 하는가

전통시장 자판기
내구연한이 넘기도 전에
폐기처분되어 떠나는 자리

열풍이 앉고
어질어질 멀미가 난다
머리가 아프다.

첩첩산중

운전! 못해—
인터넷은?
그건 더더구나지
되도록 안 하고 모르고 살래

넌, 첩첩산중이구나!

아, 아니다
그게 좋겠다
그래서 넌
늘 솔잎 향이 났구나

구름이 내려와 놀고
새들이 노래하는 산 있어
아직은 나무꾼과 선녀의 이야기에 묻고

첩첩산중에 살 수 있는
네가 부럽다.

삭지 않는 등걸

네 영혼은 나비처럼
나풀나풀 잘 날아갈 거야
꽃밭으로

—왜?

폭— 곰삭아 있으니까

난, 날다 추락하고 말 거야
삭지 않은 등걸의 무게로

여기, 가시밭이 어지러운데도
지워지지 않는 한이 남아 쉽지 않구나
그도 다 비우고 나면
부질없는 뼈대일 테지만

그럼 됐다
가시밭은 보지 말고
저—기 꽃들만 보고 날거라.

나이 들면 1

옳거니! 시詩 한 줄 떠올라
대단한 '명작?' 꿈부터 부푼다
이어 궁리와 궁리를 다해
수미상응에 초구와 결구를 만들어 놓고

뭐에 홀리는지
—비가 오도다.
—박 영감은 박 영감 팔자지.
오만 잡생각 봉두난발
더 컴퓨터에 앉아 있으면
머릿속은 벼룩이 말 달리고
누구 논 사는 일 없는데 배는 왜 아파

그러다 저러다 오라는 데 많고
가야 할 곳 많아서
한번 불려나가면 며칠씩 훌쩍
소도 절도 다 잃고 '명작' 좋아하시네
개뿔이나 쥐뿔도 못 그린 도루묵이지
한다는 게 또 늙어서 그런다고 나이 타령.

나이 들면 2

5분이면 상륙작전 한 꼭지
상황이 종료되는 시간이라며
신소리 높이던 젊음은 어디로 가고
먹는 약 한 주먹인데
급하면 더 길어지는 소변 보기
병명 왈, '전립선비대증'

그사이 클랙슨이 두 번이나 울리더니
젊은 일행 하나가
'늙으면 동작이나 빨라야지.'
'숨이나 자주 쉬시오.' 지청구다.

―괘씸한지고… 너노 늙어봐라―
―하루 해 중도 보고 소도 보는 것
어쩌나 웃어야지―

한 박자 늦춰 저나 저를 달래고
'고맙소!'
'숨 잘 쉬는 요가를 해도 그렇소이다.'

나이 들면 3

안경 쓰고 안경 찾다가
—한심한 정신머리
늙음을 나무라며 웃었다

오줌 저린 바지
며느리 몰래 빨아 널던 날
개똥에 미끄러지고도
낄낄거리고 웃었다

오늘은 웬 심사일까
전화기 들고 전화기 찾다
—빌어먹을 정신머리
내동댕이쳐 박살내고
새 전화기 사다 놓느라 똥 싸게 바빴다
그러고도 아들놈의 허벌난 지청구

길 건너 사촌도
미운네 고운네도 웃어주고
소갈머리 없는 늙은이로 살 때
소도 따라 웃어주는 세월이 되는가 보다.

나이 들면 4

언덕길 넘어갈 수 없다 하네요
냇물도 건너갈 수 없다 하네요
몽리 구역 좁히고 눈높이 낮추라 하네요

그 지존의 훈장도 옛말이고
살아온 세월이 준 프리미엄
이미지도, 노하우도 빛나지만
산도 말고, 강도 말고
다 잊어 보내고 키 낮춰 있으라 하네요

형님 먼저 살펴주는 걸음마
천천히 자국을 새겨 가라 하네요
가노라면 '숨은 꽃'이 보인다 히네요
빛과 향으로만 남을 영혼의 꽃

우리 갈아엎고 닦아야 할 업業
남은 세월 딱 하나의 꽃을 위해
영원으로 가는 길을 닦아야 한대요
—온 길이 아닌 새로운 길.

나이 들면 5

아침과 저녁이 헷갈려
어느 저녁엔
아침 약을 먹는다

어느 아침엔
저녁 약을 먹고

약 잘못 먹은 날 하루
내내 졸려
지갑도 잃고
마누라도 잃었다

치매증후군?
또 하나 걱정이 늘어났다.

삐걱거리는 관절

가스레인지, 전기밥솥, 냉장고
컴퓨터 등에 갇히고도
없이는 못 살아
핸드폰 줄에 목을 매고
아들놈은 기어이 에어컨을 놓고 간 뒤

바람구멍 하나도 오토메이션 된 세포들

진밥, 더운밥, 혓바닥의 높은 오감
온도계의 눈금에 금방 반응하는
재채기, 콧물감기…

백혈구가 없어 푸석대는 토양
삐걱거리는 관절.

종남산 송광사

종남산 머리에
구름이 머물다 돌아가듯
어제도 사람들 머물렀다 가고
다음날도 구름이듯 머물렀다 갑니다

어디서 왔다
어디로들 가는가
왜? 절간에 머물렀다 가는지!

뜰 아래 내리던 햇살 포근해
짐 벗어놓고 잊었던 한나절
고향처럼 각인된 그리움의 풍경소리
이끌려 다시 오고
못 잊어 다시 오는지요

나도 모르는 인연 따라와
나는 누구인가?
오늘은
의문부호를 찍고 있습니다.

마라난타 사寺

5시 잠이 깬 설렘 목욕재계하고
구럭 같은 큰 가방을 준비했습니다
'뭐하려고 그렇게 큰 가방을…'
아내의 질문에 딱히 나도 그렇습니다
아마 지혜든 법문이든 한 구럭
챙겨 보고픈 욕심이었나 봅니다.

물과 바다 산언덕에 재현한 옛 포구
조화로운 풍광은 혼을 쏙 빼버립니다
여느 절 모습과는 다른 대칭의 가람은
간다라 미술의 극치요 전부라 일러줍니다
마라난타 존자께서 인도 국 간다라 지방 분이고
백제 땅에 당시 진나라를 거쳐 오번서도
간다라 불교가 그대로 옮겨왔음을 봅니다.

법당은 단청 중이고
법당을 받치는 1층 요람에서
부처님의 본생과 현생이
순서대로 재현된 간다라식 부조에

동전을 한 닢씩 놓으며 합장했습니다
마라난타 존자의 사면상을 우러러
꾸벅꾸벅 절하며 돌며 또 절하며
큰 지혜 큰 법문 주시라 소원해도
빙그레 웃기만 하십니다.

법성포 돌아 백수해안도로
장미는 불타고 해당화 요염한 몸짓
바다를 끼고 안고 도는 길
해안도로에서 멀리 보는 마라난타 사
더 아름다워 차라리 경이로움
수없이 합장배례하며 아쉬운 발길 돌립니다.

주관, 안내, 해설은 처음부터 끝까지 이택회 선생
너무 많이 알아 스님들도 기막힌다는
이 선생과의 인연 감사합니다
오며 가며 법문 법전 요식 수행 많이 배웠습니다
이 선생을 이제부터는
'유마거사'라 불러드리기로 합니다.

오늘도 귀를 세워 마구마구 주워 담았더니
돌아오는 길은 한 구럭 지혜가 넘쳐
아구리를 닫기 힘듭니다
봐요, 내가 큰 가방 챙겨오기 잘했죠?

* 마라난타 사(寺): 전남 영광군 법성포 소재. 백제 불교의 최초 도래지.
* 마라난타 존자: 남중국 동진을 거쳐 백제 침류왕 384년에 오신 고승
* 간다라: 옛 인도(지금은 파키스탄) 간다라 지방 1~5세기경 간다라미술 성립
* 백수해안도로: 영광군 백수면. 해안반도를 도는 도로로 한국 10대 명승도로
* 유마거사: 부처님의 속가불자로 보살행 업을 닦아 불가언불가설로 문수보살을 감탄케 한 사람.

운주사 순례

1. 낯설어 보이기

일주문 현판 '靈龜山 雲住寺'
'거북의 영혼에 구름이 머무는 절!'
그런 마음자리라 그리 보여 그런지
왼쪽 산등성이 영락없는 거북 모양에
파란 하늘 잇대고
흰 구름 머무는 풍광 아름답네.

처음 만나는 9층석탑 보물 796
넓은 암반을 그대로 기단 삼고
탑 층은 서로 다르며 보주寶珠도 없고
길에 늘어선 작은 불상과 탑도 야릇해!
석조불감 보물 797, 원형다층석탑 보물 798도
어색하고 낯섦이었네.

천하대장군 지하여장군 장승도 있어
재미스럽기도 하고 자연스럽기도 해
그도 마음자리 탓인가!
순례 온 부담 사라지고
공원으로 소풍 나온 기분이었네.

2. 마음자리 바꿔지기

일주문, 천왕문, 금강문… 순서도 없고
일탑塔 일당堂의 배치도 아니고
음각이기도 하고 양각이기도 하고
만상萬象의 부처와 탑과 가람이
격식에 구애받지 않은 자유분방함!
서툰 솜씨도 수려함도 함께하고
있는 것 많아도 생략된 여백 커
— 아무렇게나?— 빛음의 언덕 따라가기…

능주 지방에 이주해 오는 천민 노비들이
미륵의 현신現身 믿고 염원한 천불천탑
새 세상을 열기 위한 삶의 실현이었다는 설,
아— 해설자의 설명에 의문이 풀려…

옷깃 여미고
두 손 절로 모아지는 합장
가득 차오르는 성스러움
알겠나이다 나무아미타불…
알겠나이다 나무아미타불….

3. 하나 된 순례

세월이 이어오는 여러 두께를 봤네
대물림으로 이어받는 깊이를 봤네
배고픔을 쪼아내는 협동의 노래를 듣네
형식 없음도 형식이며
계획과 획일 아니어도 질서임을 배우고
서로 다름이 조합이요 하나 되는 기원
천년과 오늘이 소통하는 통일을 보네

위아래가 서로 다르면 어떻고
정正 반反이 헝클어 있다 어떠리
그대들 절실한 소망 이룸의 정점이
불국토佛國土 극락왕생 하나인데

합장하고 하나 바람 뒤따릅니다
여기 이루심이 우러러 갸륵하여이다
거룩하여 조아리고 내가 하나 됩니다
하나입니다 나무관세음보살
하나입니다 나무관세음보살….

4. 와불臥佛 앞에 서서

눈 닿는 곳마다 푸르름이요
걸음마다 민들레는 노란데
뻐꾸기는 왜 그리 펑펑 울어

발은 헛디뎌지고
염불은 헷갈려 굽이굽이
어렵게 돌아온 와불 앞에서

일어나세요
누워만 계시지 말고 어서 일어나세요
당신을 일으키려던 저들의 세상
오늘 우리도 가엾잖아요
풀리지 않은 쇠고리를 어서 풀어야지요.

눈물 그렁그렁, 외침 위로 새가 날고 있네요
새들 날아가는 저 흰 구름 뒤
도솔천이 거기잖아요

흰 나비 떼 우르르 날아가는 환영을 보네.

5. 북두칠성 성좌星座바위

이상향이 거기라는 믿음
엄청 크고 단단해
직접 성좌바위를 재현하셨는가요?
원반 지름의 크기와 방위각이며
별의 밝기와 모양이 비슷하다고…

낮은 신분에 괄시뿐인
맨손의 삶 속에서
천 년 전, 한은 예술로 통하고
눈물은 과학의 표징이 된 불가사의…

가슴 치고 오는 뜨거운 열기
왠지 울고 싶네요
칠성님! 이 눈물을…

아무래도
별이 빛나는 밤
다시 와 펑펑 울어야겠네요.

* 운주사: 전남 화순군 도암면 대초리 용강 일원.

어떤 문답

1.
스님이
오르시는 산길
다리에 실리는
바람의 무게는 업보일까요

저 산길이 끝나는 곳은
마침내 도달점입니까
시원의 출발점입니까

그럼 스님께서
중생들에게
'도솔전은 열려 있다고'
설說하신 뜻은…

2.

나는 눈만 뜨면 샘 속에 앉아 있네
'왜?'라는 물음의 샘
물은 날마다 깊이가 다르고
마침내 넘쳐서 바다로 가네
나는 눈만 뜨면 바다에 떠 있네
'왜?'라는 의미의 바다

그토록 많은 문제의 답은 저 수평선 안에 있다네
날마다 수평선은 멀리 도망가네
한 걸음에 두 걸음 도망치는 문답.

3.

있는 그대로의 세계, 또는 어제의 세계
먼 미래의 세계를 다 아우르다. —야스퍼스

노동 행복, 고독 권태, 절망 고통, 의지 사랑,
생명 감정, 놀이 죽음, 책임 실존,
나 아닌 다른 것과 내게 없는 것까지
다 아우른다

삶의 모든 영역 속에 있다
어제와 오늘과 내일
모두 내 안에 있다.

4.

되돌아오는 건 메아리뿐이던가
돌아와 제 발등에
생채기를 내는 건 부메랑뿐이던가

저녁에 뱉은 욕
낮에 돌아오듯
미움은 미움으로 돌아와 제 속을 후빈다

남을 엿먹이려 할 때는
제 손에 먼저 밀가루가 묻는 것

누군가를 때리는
매질은 제 팔도 아픈 법이듯
적敵은 적敵으로 쳐들어온다.

전북 방문의 해 5월

– 동학혁명기념관에서

'전북 방문의 해' 5월 축제의 날에
동학혁명기념관을 서성인다
무장기포, 황토재 대승, 황룡촌 승전,
어느 곳 하나 중요하지 않으리만
전주성 무혈입성, '평화협정전주화약'의 집강소

아– 분하고 억울한 나라 운명
'삼례 제2차 기포' 대 일본 전쟁
공주 우금치 패전, 원평 귀미란 전투
줄줄이 패하고, 전주천 초록바위 순교
순국의 영웅들은 고부고부 떨어져 하늘에 뜨고
절망의 밤이 깊어 얼마였던가

하지만 하늘을 보셔요!
과거–현재–미래는 한 줄의 금
엊그제 절망은 바닥을 치고 오늘은 인산인해로
5월 푸른 어린이들이
시시비비를 가리고 역사를 배워야 하는데
'평화협정전주화약' 깃발 아래는 너무 조용하구나.

* 전주시 풍남동 소재: 동학혁명군 전주무혈입성 '평화협정전주화약' 집강소에 깃발만 펄럭인다.

꽃잎은 금강으로 흐르고
– 천반산 복숭아꽃 지고

청량천과 진안천의 두물머리
기암괴석도 모래밭도, 짙푸른 녹음도…
한 품에 안고 흐르는 어미의 가슴이다
가슴엔 산죽山竹이 지천이라 죽도竹島
백성이 더불어 잘살자는
세상의 꿈이 금강으로 흐른다

기축옥사
정여립鄭汝立은 모반자인가
대동사상 민주주의를 꿈꾸면 역적인가
그를 아는 사람까지 모두 죽여야 하는가
반역자의 고장이라 벼슬길도 막아야 했는가

정여립
시대의 선각자 붉은 꽃은 졌다
천반산락도天盤山落挑 복숭아 꽃잎은
피울음 소리소리 햇살을 부수며 흐르는 물길
그의 도포자락인가
오래도록 지워지지 않는 환영….

* 죽도: 진안군 안천면 정여립 대동사상의 꿈이 여물던 곳.

제5부

전주비빔밥의 연분

객사客舍에 앉아서

대청마루에 앉고 싶지요
앉으면 눕고 싶어질 거여요
저기 어디쯤 말을 매 두고
하룻밤 긴 꿈을 꾸어 보셔요
아무나 드나드는 시민들의
손수건만 한 공원이지만
천년 영욕이 부침한 역사의 겹겹
우람한 기둥 팔작지붕을 받치고
마루판의 두께만큼
윤나는 세월 고도古都의 향기입니다

풍패지향의 주인으로부터
진양조가락 느릿느릿 풍류를 대접받으시고
손님은 두어 줄의 사기史記를 더하시고
어화둥둥 한눈에 반한 사랑도 나누세요
행여 내일은 떠나기 싫어
하룻밤 더 묵어가자 응석부리다
아주 눌러앉아 사셔도 그만
전주는 넉넉한 품이옵니다.

전주의 자랑 1

- 유네스코 음식창의 도시

하나의 산성城이 완성되기까지는
수많은 민초들의 피땀과 영혼이 진다
세월이 흘러, 해가 뜨고 빛이 들면
관광명소가 되고 외화벌이가 되기도 하지만

전주시가 콜롬비아 포파얀, 중국 청두, 스웨덴 오스터순드에 이어
네 번째 유네스코가 선정한 '음식창의 도시'가 되었다고 기뻐 야단법석이다. 협회 단체 기관 시민이 함께 노력한 쾌거이며
산, 바다, 강, 산어촌, 도시가 어우러져 근본이 좋은 탓이라고 자랑이다

하지만 세세연년 누세월, 부엌데기 종년 종놈 아랫것들의 시행착오에
목숨을 담보하고 상전에게 바친 피와 땀, 잘려나간 손들에 의해
멋과 맛의 전통이 세워졌음을 먼저 알자
아는가? 우렁이각시 뺏어간 원님

아내 빼앗긴 그 영혼 '우렁각시빗자골' 슬프게 울다간 새 이야길
대명천지 밝은 세상이라지만 법망 피해 거추없는 놈 많아서 하는 말이네.

오늘 우리, 섧게 간 영혼에 묵념부터 하자
만드는 이는 오늘에 나를 감사하고
먹는 이, 돈 내는 이, 맛있게 먹자 감사하자.

전주의 자랑 2

– 동전이 태산을 무너뜨렸어요

동전, 엊그제는 작았지요
동전, 어제는 계란 바위 치기였지요

한 부녀회의 시작으로
엊그제부터 전주 시민이 모은 동전
대형마트 기업형 SMS에 던진 팔매질
의회가 나서고 옆 시·군으로도 번지던 운동

드디어 4월 17일
정부가 강제유통산업발전법 시행령 개정공포
깔깔깔… 오늘은 태산을 무너뜨렸어요
말초신경까지 순화시킨 진통소염제였죠

이렇게 만세 부를 줄 몰랐다는 만세
음지에 빛 들고 약자가 웃어요
시장 통 활기 돌고 마트 쉬는 날
여직원도 모처럼 친정에 다녀왔다고

동전아– 장롱에서 나와 화통하게 돌아라
내일도 모레도 돌고 돌아라.

모악산

치마폭에 숨고 감기고
매달리던 어린 시절…

강동 그늘 80리 일고
바라고 기대 살아온 어미 품

그리움과 후회로
뜨거운 여름 한 짐씩
져다 쌓아 올린 산
지나온 만년, 앞으로 만년
그렇게 쌓아 올려지는 높음

거기 항상 있으매
푸름에 폭- 싸안고
꽃 피우고 다람쥐 키워내는 넓음.

전주비빔밥의 연분

초년엔 서러워 울기도 많이 울었소
말년 복을 점지했다는 사주 덕인지
복도福道 전주에 눌러앉은 연분 감사합니다.
이제 남은 해넘이 강 하나
건너면 본향本鄉에 돌아가지만
지상에 업보業報 남아 또 가라 하시면
나는 다시 전주에 뿌려주시오
맛 없으면 비비라고 일러온 가르침
사람과 사람, 손과 손들이 서로 비비면
쓴 정도 달고 매운 정도 맛깔나는 전주
산도 물도 티끌까지 이별이 서러우니
서러운 만큼 비비고 꼬아야 할 일 남아선지
꼭 있을, 이유 있는 인연이 모악산 높이보다 높습니다.
비나이다 인연은 인연을 낳아
인연 있는 곳으로 점지한다 하셨으니
다시 가라하실 땐 동풍이 잔잔한 날
칠산바다 건너 노령산맥 아래로
더는 실수 없이 날려주소서.

개성시 관광 유감

이런 훗날이 오면
군인들의 통제도 점호도 없어지는 날
삼삼오오 재잘대며 보고 싶은 데 보고
사진도 맘대로 찍을 때
그때 개성을 다시 관광할 일
이번엔 안 가고 안 보고 온 걸로 하겠네.

이런 훗날이 오면
거리마다 인민군 초병이 사라지는 날
등하굣길 아이들 웃음소리 높고
그들 유리창에 햇살이 반짝여 각기
다른 지붕의 빛깔이 조화를 이룰 때
다시 와 개성을 보았노라 말해야겠네.

붉은 휘장 내려지고
골목 어귀에 포장마차라도 불 밝힌 날
검은 장화 벗어던진 에미나이 불러
술 한잔 기울여 네 설움 내 설움 오갈 때
박연폭포, 선죽교, 만월대, 박물관…
고려 오백 년 이야기가 그때는 살아오겠지.

인후공원(도담산)에서

건지산 엄마 손을 놓고
아빠 산 기린봉으로
종종걸음 달리다 엎드러진
도담봉 인후공원이에요
아담한 언덕 같다고요?
어머니 젖가슴처럼 순한 곡선이죠.

그래도 시내는 한눈에 조망하고
청설모, 딱따구리, 편백, 아카시아
도토리, 있을 것 다 있고요
전주 역 너머 용진 들
소양천 바람을 몰아다
당신의 얘기를 흔드는 요람이어요.

꽃은 꽃끼리 살랑대는 말씀
벌꿀을 불러들이고
새들은 새들끼리 지지구 비비구
아름다워 눈 감고 누우면
용상보다 편안한 하루

걸어도 우리 세상
뛰어도 우리 세월을 싸안고
서로를 묻어버리는 긴 숨 풍진 세상
미움도 고움도 잊는 사랑의 묘약이네.

어제도 버리고 내일도 버리고
파래 비치는 하늘에 구름 잡아다
향香 나는 詩나 쓰세요.
인후공원에 유아독존
모두 사라지고 모두를 묻어버리는 요람이네요.

전주 여객터미널

어서 와요 웰컴! 실어오고
잘 가세요 아듀! 떠나보내고
와글와글 바글바글 소리 속에 소리끼리
얼싸안은 반가운 눈물
손 흔드는 서러운 눈물을
뭉뚱그리는 여정의 시그널이 둥글다

약속이 초침처럼 흐르는 사연들을 묵묵부답
시민의 가슴에 서려주고 묻어두는
전주 여객터미널
비 오나 눈 오나 들고 나는 반지붕 승강장
정차, 출발, 멈춤 없는 조화가 정연하구나

오늘이 가고 내일이 오고
만남과 이별의 자리 마침내
민초들은 다시 여정에 묻히고
삶에 부치고 겨운 철학
그 위에 저녁 불빛이 흐른다.

강천산에서

구절초 따라온 하얀 사랑
강천산 단풍으로 붉었다네

전설은 새 되고 나무 되고
물길 낳고 송낙바위 낳고

여보 순창양반
우리 사랑은 병풍바위 화신 되어
바람이라 부를까 구름이라 부를까

욕심도 많네 언감생심이지?
너냥 내냥
세월에 묻고 사람 구경으로 살자

구장군 폭포로 비상하는
산사의 종소리
산의 법열을 일러주고 있네.

동상면 밤재에서

드라이브 코스로 재미난 환상의 밤재
이근풍 시인과 우리 일행은 정상에 차를 세웠다
소양면 대승리와 동상면 황조리를
내려다보는 시원한 전망 야호!
봄바람 살랑 하늘엔 비행구름 한 줄.

황조리가 고향인 김기화 시인은
매번 울고 넘던 일이 엊그제 같은데
백발이 성성한 오늘은
차를 타고 와 웃고 있다고
얼굴 발개진 눈에 물기가 가득하다

어린 나이 전주로 유학하면서
먹거리 져 나르던 어깨의 측은지심
우린 그날의 오솔길을 함께 찾아보았지만
세월은 흔적을 뭉개버리고 떠나
그가 오줌 누었다는 자리
딸기는 없고 삐꾸기만 쑥 쑥국…
좋은 詩나 많이 쓰란다.

십 년 후에 우리 다시 오면
또 엊그제 같을 밤재의 세월
무엇을 바꿔 어떤 모양으로 놓일까
우리 삼총사의 인연은?
좋은 詩는 누가? 얼마나?
지난날도 그립지만
앞으로 올 날이 더 그리워진다.

* 밤재: 전주에서 소양면 화심 경유(대승동 북쪽) 동상면으로 넘어가는 재(소양면과 동상면의 경계이자 분수령)

카멜리아 힐(동백 언덕)

– 양언보 농장에서

눈부시게 희디흰 꽃송이 발길을 잡고
설레다 아리다 이내 그리움인 동백 올래
이제금 떠났을 잔영殘影이
가슴앓이로 남아 첫눈을 기다립니다
눈 덮어 줄 하얀 겨울을 기다립니다

그 혼백 다시 피어날 하얀 겨울
희디흰 열정이 애절한 그리움입니다
가야 합니다. 어쩜,
동백 피는 소리 보지 못할지라도
동백 지는 아픔 듣지 못할지라도
다시 몸져눕는 붉은 임종은 봐야 합니다

목 놓아 봄을 부르다 지는 단심丹心
단심은 서귀포 창파를 흔들고
한반도로 불어 올리는 혼령魂靈
뜨겁게 송이째 떠나는 불꽃을 만나야 합니다

불살라 태워 불덩이로 가는 뒷모습

봄소식을 기별하고 제 몸은 잉걸인 채
서럽도록 아름다운 이별
카멜리아 힐에서 손을 흔들어야 합니다.

* 서귀포 소재 양언보 농장 '카멜리아 힐'에는 눈처럼 하얀빛 동백이 피고 집니다.

안면도 꽃박람회

1.

꽃 옆에 꽃, 꽃 앞에 꽃
꽃 아래 꽃, 꽃 위에 꽃
꽃 옆에 사람, 사람 옆에 꽃
아가도 꽃엄마도 꽃아빠도 꽃
토끼는 토끼대로 사슴은 사슴대로 꽃옷 입고
새는 새대로 꽃모자 쓰고
꽃 나래 활짝 펴 꽃의 영혼이길 바라네
햇살도 꽃의 영혼이요
솔바람도 꽃의 영혼이네.

패랭이는 수국에 향을 묻고 영혼의 길을 떠나고
호접란은 덴파레에 영혼을 묻고 돌아오는 길
사람 속에 꽃의 영혼이 살아나는 꽃지,
꽃 속에 사람의 영혼이 살아나는 꽃지,
꽃지 앞바다에 낙조 내려오니
불타는 하늘 불타는 물결
하늘도 물결도 꽃의 영혼으로 출렁이어
할매바위 할배바위
두둥실 두둥실 돌아가네.

2.

꽃의 영혼이 사람의 수보다 많을까
사람의 영혼이 꽃 그루보다 많을까
아니, 여기는 모두 꽃으로 피어나
고목도 부처도 꽃으로 피고
길짐승 날짐승…
디지털 문명도 꽃으로 피어나
발이 발에 걸려도 향으로 피고
어깨가 어깨에 걸려도 웃음으로 피어
여기저기 줄 서서 웃고 기다리는 평화
중국 연변의 '베고니아'
운남성의 춤추는 '무초舞草'
식충食蟲식물 '네펜다소'까지
동해에 놓인 꽃사다리 일본 효고 현의 꽃
무+배추 '무추'까지 토마토+감자 '도마감자'까지
꽃과 사람과, 사람과 꽃의 영혼이 하나 되어
매일 수십만의 웃음과 웃음 위의 평화
정말 꽃을 사랑하는 민족
본시 꽃으로 피어난 민족
너와 나 아름다운 배달이었던걸

내 사랑 고흥

남쪽 바다 출렁이는 고흥반도
팔영산, 마복산, 봉래산… 빼어나
비자나무숲, 상록수림… 수려하고
선녀봉, 하루방… 바위로 기묘하구나
풍류, 발포, 나로도… 부신 풍광
굽이돌면 다시 해수욕장, 낚시터
모래로 부드럽고 파도로 넘쳐
마침멀, 용바위, 활개바위… 천년 조화
새들의 낙원, 여기가 선계라네

능가사, 금탑사, 홍교… 유서 깊고
지석묘, 백제산성, 곰솔, 느티나무…
향기 높은 옛이야길 듣네
발포진만호성, 충무사, 신여랑 장군
임진왜란 7년 깃발의 나부낌인가
충렬과 슬기 이어 내린 지혜는
연륙교 소록도, 거금도로 이어지고
항공, 우주센터 감동에 감동
축제, 박수… 여기는 희망의 땅

해창만 간척지도 넓어라 해맞이쌀
피문어 미역 김 굴… 유자 마늘
먹거리 볼거리 무진장 인심도 좋아
하늘도 바다도 땅도 사람 넉넉해
녹아드는 넋이야 있고 없고
먹고 놀고 써도 본전은 들고 가는 고흥
내 사랑 고흥, 아 만인의 고흥군…

삼천포 앞바다

텅텅 탈탈… 텅텅 탈탈…
바다로 나가던 통통선이 울며 나가더니
포구로 들어오는 통통선도 울며 오네.

바다는 비어 있다고 텅텅…
물질을 나가도 허탈만 싣고 온다고 탈탈…
포구에 선 배들은
문명한 21세기 빈곤의 공허를 씹으며
검은 하늘만 올려다본다

다리 놓고, 새 길 내고
지랄같이 번쩍번쩍 빛나지만
빛나는 불빛 때문에 울 곳도 없는
어부의 아내는 차라리 바다를 떠나고
시인들은 당신의 시 「울음이 타는 가을 강」을
새로 쓰고 있소.

박재삼, 당신이 그리던 좋은 나라의 한 자락은
노산공원, 푸른 숲길에 시비로 놓여 있지만

"사랑 끝에 생긴 울음까지 녹아나고"
"미칠 일 하나로… 소리 죽은 가을 강"은
"저것 봐 저것 봐"
지금도 바다 발치로 밀려오고 있소.

보성이라 녹차밭

– 전북문인협회 문학기행

보성이라– 문학기행 좋은 날!
묵은 정 새 정 속내 열고
굽이마다 얽어 돌아가는 소풍 길
아지랑이가 먼저 춤추는 꽃길일세.

녹차밭, 한 자락 깔고 앉아
육자배기 두어 소절에 추임새도 얼씨구!
와르르 깔깔깔 녹차 아가씨 신명나고
보성만, 파도 아가씨도 너울너울 함께 놀잔다.

–가지 말라는 시간은
너무 잘 가고–
거기 '태백산맥문학관'의 조정래 님
왔다 가라 기별 받잡고 안 갈 수 없으니

손가락 피로 눌러쓴 원고지, 천장까지 쌓아놓고
잘 잠 다 자고, 놀 잠 다 놀고
당신은 언제 쓸래요? 내리치는 야단에
등줄기 저리는 울음 찔끔거리는데

조계산 송광사, 관세음보살이 얼른 안아다
'영혼만 팔지 마라.'고
다음 생애 또 있다면서 목어로 어루만져 주시네.

쓸쓸한 속내를 감추지 못하는
멋쩍은 얼굴들 '저도 그렇다.'며 맘 풀자고
김남곤 시인이 사주는 막걸리에
금세 능그러져 고주알미주알 소갈머리 없는 시인들

–좋은 날 하루는
벌써 해 넘어가고–
뭘 보고 뭘 배웠는지
정신없이 돌아가는 달맞이 길
문학기행이 그렇고 그런 거라고
이번엔 마이산이 웃어주네.

우리 진도여행 다시 가세

– 문학기행을 다녀와서

휴가를 한 100일쯤 마련할 일이다
그리하여 우린 다시 진도로 갈 일이다
전망 좋은 집 방 한 칸 세를 내고
진돗개 한 마리 친구 삼고 자전거도 마련할까
동백과 벚꽃이 함께 어우러진 풍광
울돌목 사장교를 건너 쉬엄쉬엄
하늘과 물빛 바람의 모두를 영혼에 담을 일이다

'소치' '허유'의 운림산방을 거닐며
미산–남농–임전 남화南畵의 전통을 유추하고
소전미술관의 얼, 다시 만나 더 많은 얘기 들어야 하고
세월을 거슬러 구국항전의 터
'용장산성' 삼별초 대몽 항전사와
'명량대첩지' 충무공의 해전을 더 깊이 새겨야 하네

비 오시는 날은 북장구 갖춰
어제도 부르고 오늘도 부르지만
내일도 불러 영원해야 할 진도 아리랑을 배우고
흰 띠 어깨 상여를 메고 가는 만가輓歌

소복단장 애 끊어 뿌리는 살풀이
진도 아낙들의 천년 서린 한을 함께 울어야겠네

아는 것보다 모르는 게 더 많아
본 것보다 안 가본 곳이 더 많아
다시 가면 여름 지나 갈잎 피는 계절도 봐야겠네
'홍주' '울금' '참전복' 먹어봤는가
유람선 관광은 필수 아니던가
진도 밖 남서로 새 떼처럼 떠 있는 섬마다의 이야기
강강술래 길에 어우러져 춤도 추고
바닷길 물 문 열리면 조개도 줍고…
죽어도 여한이 없다는 꿈의 섬 관매도
매화의 마실 길 따라 펼쳐진 10신 8경을 구경 가세.

전라여! 하늘 끝, 땅 끝 너머

– 제52회 전라예술제에 부친 '개막 축시'

꿴지 꿴지 깽맥꽹 깽맥꽹… 백두, 한라, 산신을 깨워라
둥둥 덩덩 덩더꿍덩덩… 삼천, 대천, 하늘 문을 열어라
전라! 전라인의 예술제 한 깃발 한뜻 세워 막을 여나니
시와 노래와 춤… 모두 신명으로 돌고 신명에 죽는 끼
미쁜 눈 박수갈채로 하늘 너머 땅 너머 울려주소서.

노령에 피는 햇살로 삶이 열리는 날부터
밭 갈고 씨앗 뿌리며 누대 손손 이어
하늘에 소지 올리고 순리를 천명으로 받들어 왔네
봄, 갈, 계절이 돌고 해와 달 지고 떠
역사에 역사를 쌓고 나이테 여물어 온 전라인!
바람과 나무와 꽃들의 향연에 한 얼로 숨 마시고
나비, 그 율동에 춤이요, 새들의 노래에 장단 맞춰
그렇게 순응하고 그렇게 영혼을 소통시키던 몸짓
더불어, 너와 나 하나로 얼러 잔치 벌이는 예술제
시, 창, 노래요, 춤이요, 연극이요, 영화요,
그림이요, 건축이요, 사진이요, 화합의 화합 전라여!

때론 말도 이름도 빼앗긴 세월, 불타던 질곡을 벗어나

밟히면 더 단단해지고 넘어지면 다시 일어나는 기상
슬픔도 쓸어안고 환희도 쓸어안은 찬란한 전라여!
그래서 가락은 더 신묘하고 춤사위는 더욱 맛깔나
산, 강, 경계 너머, 파란 눈의 그녀들도 열광하는 한류!

산 어촌과 들녘, 너와 내가 아우르는 전라, 전라인이여!
코리아의 2013년 지구촌에 한류가 짱-인 이 가을
신명을 날려, 더 큰 신명을 고여 올리자.
껜지 껜지 깽맥깽 깽맥깽… 아주아주 힘껏 두드려라
둥둥 덩덩 덩덕꿍덩덩… 세차게 더 세차게 두드려라
오대양 육대주, 땅 끝 하늘 끝 너머, 너머 울려라
울려라- 울려라- 하늘 끝 땅 끝 넘겨, 넘겨 울려라.

■ 작품해설

생의 근원에의 지향과 구도자적 시인관

유인실(시인, 문학박사)

■ 작품해설

생의 근원에의 지향과 구도자적 시인관

1. 생의 구원으로써 시 쓰기

이목윤 시인의 여섯 번째 시집 『영혼의 반짇고리』에서 꾸준히 발견되는 것은 생의 근원에의 지향과 구도자적 시인관이다. 이번 시집을 펴내며 '자서'에서 밝혔듯이 "육신은 이 땅에 버려야 하고, 영혼은 돌아가야 할 별을 그리는" 꽉 찬 나이에, 여전히 "시인은 구도자적인 사람이어야 하고, 시는 고행 속에서 얻어지는 결과물이어야" 한다고 하여, 이 시집을 읽는 독자들을 숙연하게 한다. 다섯 번째 시집을 상재한 후 8년 만에 보듬고 있던 원고를 묶어 떠나보내는 시집에는 그런 의식들을 자연스러운 시상으로 받아들인 시편들이 상당수 차지하고 있어 오래도록 눈길을 잡아끈다. 특히 이번 시집에서 빈번하게 등장하는 '영혼'은 자유, 순수, 이상, 마음 등의 단어들과 동일한 계열을 이루는데, 여기서 시인이 말하는 '영혼'은 궁극적으로 인간이라는 존재자의 존재 방식이자 존재 가능성으로서의 사유체라 할 수 있다. 그것은 이목윤이 시를 통해 자연 속에서 하나의 생명으로 존재하고자 하는 의지이자, 시인으로서 자기 구현이라는 내재적 가치를 추구하고자 하는 의미이기도 하다.

그의 시 쓰기는 일면 실존의식과 관련이 있다. 이목윤의 시 쓰기를 이해하는 출발점은 '고통 콤플렉스'이다. 청년 시절, 전투 경험을 통해 끊임없이 시달렸던 그가 공포와 실존의 위기로부터 벗어나는 길은 존재의 구원이었을 것이다. 그의 시에 나타나는 '절대', '무한', '영혼'으로 표현하고 있는 유토피아적 세계에 대한 갈망은 경험적 현실세계에 대한 부정의식과 밀접한 관련이 있다. 그렇다고 그의 시를 단순히 현실 도피 의식과 등치시키면 그의 시적 의의를 제대로 포착하기 어렵다.

이목윤 시인은 현실적 삶에 대한 상상적 대안으로써 시가 삶에 참여해야 하는 근거를 찾는다. 예컨대 시인은 "눈물 글썽이는 영혼에게 핏물 뚝뚝 지는 감동을 베"풀고, "한 번이라도 새처럼 노래로 울어 땅 끝으로부터 끓어오르는 회한을 쏟아 밤에 무너지는 울음 울게" 하는 시를 쓰고 있는지를 스스로에게 묻는다(「나에게 묻는다」). 다시 말하면 '핏물 뚝뚝 질 만큼 땅 끝으로부터 끓어오르는 회한을 쏟아 밤에 무너지게 하는 시야 말로 그가 쓰고 싶어 하는 시의 본령에 가깝다고 할 수 있다. "너는 언제나/ 푸르러 반짝여야 하느니/ 녹슬지 마라"라고 하면서 "아홉 자 통나무 장작을 패듯/ 산이 쩌렁쩌렁 메아리 돌아/ 시가 되듯/ 언어를 쪼개고 쌓아야"(「영혼에게 2」) 한다고 노래하는가 하면 "시인들이여! 그대들의/ 습작노트가 저토록 울림이 차던가/ 어제 목 놓아 울었으면/ 오늘은 마지막 날인 양 울어라"(「매미처럼」)라고 한다. 이렇듯 시인은 단순히 대상에 감응하고, 정서적 표현을 위해 노래하는 자가 아니라, 슬픔과 회한과 어둠의 현실을 달래주고 위로해 주는 '생의 구원'으로써 시 쓰기라는 말로 자신의 정체성을 드러내고 있다.

2. 영원성 희구와 삶의 상상력

이목윤 시에서 자주 사용되는 시어는 '영혼'이다. 예컨대 제1부에서만 살펴본다면 17편 중 5편(「영혼에게 1」, 「영혼에게 2」, 「영혼에게 3」, 「나의 영혼은」, 「영혼의 반짇고리」)의 작품 제목에 '영혼'이라는 시어가 들어 있다. 그리고 내용에서 '영혼'이 사용된 시구를 정리해 보면 다음과 같다.

· 그래, 그날 우리는 철든 영혼들이었다.

· 이 자유로운 영혼들과 함께 눈부신가.

· 보석으로 반짝이는 희디흰 영혼

· 바다여 네 영혼은 소금이더냐

· 끝 모르고 헤매는 영혼들

· 그 외 모든 영혼이/ 이 항구를 떠났고 떠날 것을 슬퍼하는가

· 떠나갔던 사람도, 돌아갔던 영혼도

· 눈물 글썽이는 영혼에게

· 눈물은 영혼이니까요.

· 눈물로 피는 영혼의 아름다움을

· 눈물로 씻는 영혼의 아름다움을

· 눈물이 마른 영혼은 추락일 뿐이어요

· 눈물이 마른 영혼은 혼돈일 뿐이어요

· 영혼마저 추락하여 한줌 재로 돌아가는가

· 사람이 죽을 때 몸에서 빠져나가는 영혼은

· 영혼이라는 불이 마음을 열었다 닫았다 하는 주인인가

· 머지않아 영혼과 육신이 서로 갈라져

· 영혼은 별로 떠나는 이별을 생각하는 나이

· 내 영혼을 위해 반짇고리 하나 엮어야 한다 (밑줄 인용사)

다른 시어에 비해 출현 빈도가 높다는 것은 시인의 시적 특질을 추출할 수 있는 근거가 되기도 한다. 위의 시구를 살펴보면 '영혼'의 의미는 '인간', '정신', '혼령', '불멸' 등의 의미로 쓰이고 있으며 이는 그의 시 세계가 '정신성'과 '영원성'을 중심으로 전개되고 있음을 의미한다. 그의 시

에서 철듦, 맑음, 눈물, 아름다움, 별과 비교적 긴밀한 관계를 이루는 '영혼'은 자유, 이별, 이상, 죽음 등의 시어군을 연상시킨다. 이러한 시어가 반드시 시인의 시적 경향과 일치한다고 볼 수는 없지만 시의 심층적 의미에 대한 파악을 위해서는 중요한 요소라 할 수 있다. 이목윤 시인은 '영혼'을 '자유로움', '맑음(희다)', '아름다움'과 등치시킴으로써 그가 꿈꾸는 세계가 완전한 세상, 자유로운 세상, 평화로운 세상이라는 것을 짐작하게 한다. 또한 현실 세계에서의 불완전하고 불공정한 삶이 극대화된 양상에서 비롯되었을 것으로 유추해 볼 수 있다. 이것은 시인이 추구하는 이상향에 대한 의식과 다르지 않다. 요컨대 그의 유토피아 의식은 불완전하고, 비인간적인 현실세계에 대한 시인의 대결의식을 의미한다. 이때 그 대결 방식은 자연과의 동화 형식으로 나타난다. 이것은 그의 시를 지탱해 주는 하나의 순수이자, 염결성에 대한 의식이다.

이목윤 시에는 바람, 구름, 꽃, 향, 태양, 산, 바다, 절, 바위, 수석, 나비, 낙엽, 달, 별, 눈 등 자연의 명칭들이 많이 등장한다. "내 시는 바람이 쓰고/ 바람이 지우고// 시의 눈 하나/ 바람의 인연으로 자라/ 바람으로 피어나 애드벌룬으로 걸립니다"(「바람이 시인입니다」)에서 보는 바와 같이 '바람'은 자신과 동화된 시인의 이미지로 나타나기도 한다. 언뜻 생각하면 대상의 본질 세계에 대한 핍진한 접촉은 인간의 실천 영역이 아닌, 자연만이 담당할 수 있다는 메시지처럼 읽힌다. 그러나 자연, 즉 바람의 이미지는 시인의 이미지와 환치됨으로써 시인은 새로운 생명을 잉태시키고 키워내는 존재라는 인식이 시인의 내면세계에 용융되어 있음을 알 수 있다. 바람이 씨앗을 발아시켜 열매를 숙성시키듯이 시인이야말로 자연과 나와의 관계 속에서 새로운 질서를 창조하는 자인 것이다. 이 외에도 "하나도 걸림 없는 영혼/ 더는 죽지 않는/ 없음도 없고 있음도 있음인 자유/ 늘지도 줄지로 않는 나이"(「바람의 새」)에서 보여주는 바와 같이 바람은 영원불멸의 자유를 상징하는 의미로도 나타난다. 이와 같은 불멸성, 즉 영원성은 다른 자연 대상물에게서도 나타난다. "시원始原의 비밀을 감춘 인고의 묵시默示"(「수석 전시회 보기」), "태초의 시원始原으로부터 날아와/ 정작 되돌릴 수 없는 숙명"(「민들레 소녀」) 등도 자연물을 시적 대상으로 삼아 내면적 자아의 지향점을 보여준다.

3. 우로보로스의 시학

이목윤 시인의 시적 의미망은 불교적 색채의 생명사상을 지닌 유기체적 성격을 지닌다. 불교의 인식론적 요체는 일체만물에 고정불변하는 자성自省이 없음을 통찰하는 것이다. 특히 『반야경』에서 강조하는 공(空, sunyate) 사상은 자유로운 직관을 통해 만상의 실체를 파악할 수 있다고 본다. 여기에서 공은 단순히 물질이 없는, 텅 비어있는 것이 아닌, 일체 만덕이 다 갖추어져 있는 생명 실상을 말한다. 즉 불교에서의 공은 단순히 "없다"라는 의미가 아닌, 모든 것을 가능하게 만드는 진공眞空 그대로가 묘유妙有라는 것이다.

이목윤은 존재의 번민, 탄생과 죽음, 현세에서의 삶의 고통 속에 묶어 놓은 인간의 욕망, 아집마저도 고정불변하는 자성이 없다고 생각한다. 즉 현실세계에서부터 이러한 현상들은 다른 것과의 관계 주에서 생멸하는 것일 뿐이다. 씨앗에서 생명이 발화하여 다시 씨앗으로 돌아가는 과정으로 이해한다.

그가 '자서'에서 "시인은 구도자적"이어야 한다고 말한 대목은 그가 생각하는 시인의 소명의식을 단적으로 표현하고 있다. 즉 그가 기대하는 시인은 언어의 연금술사나 직업적인 시인과는 구별되는 철인哲人과 같은 존재이다. 철인은 인생과 세계의 본질을 맑은 예지로 통찰하고 비판한다. 이목윤이 기대하는 구도자적인 시인은 결국 자연과 같이 순수한 생명을 지닌 이러한 철인인 것이다.

고대 그리스인들은 우로보로스라는 상징의 동물을 만들어 냈다. 우로보로스는 "꼬리를 삼키는 자"라는 뜻으로 뱀이 입으로 자신의 꼬리를 물고 삼키는 형상으로 원형을 이루고 있는 모습으로 나타난다. 이 상징은 시작이 곧 끝이라는 의미를 지녀 윤회사상 또는 영원성의 상징으로 인식되어 왔다.

이목윤의 시 속에는 불교적 세계관이 큰 비중을 차지한다. 그를 관통하는 불교 정신은 단순히 자연과의 합일이나 서정을 노래하기 위한 것이 아니라 "출생의 만남도/ 사별의 떠남도/ 우주 안에 '있다 없다'의 인연?// 색즉공色卽空/ 공즉색空卽色"이라는 구절에서 나타나는 바와 같이 '근원으로 회귀'하고자 하는, 그래서 그 끝은 다시 시작이 되는 윤회사상과 맞닿아 있다. 이는 창조의 사이클과 그 맥을 같이하는 것으로 우로보로스의 시학이 될 수 있다.

> 머지않아 영혼과 육신이 서로 갈라져
> 수고로웠던 몸뚱인 흙으로 돌아가고
> 영혼은 별로 떠나는 이별을 생각하는 나이
> 내 영혼을 위해 반짇고리 하나 엮어야 한다
>
> 푸른 빛 불기둥 남 눈에 띄지 않고
> 편히 앉거나 누워서도 잘 나는 반짇고리
> 몇 밤 몇 날을 날아서
> 은하수 어느 별에 가 닿아야 하니
> 비바람 천둥에도 안전하고 튼튼해야 한다.
>
> 다 비우고 깨끗이 부시어낸 깃털
> 씨줄 삼아 지혜를 날줄로
> 가볍고 투명하게 엮어
> 낮은 기류에도 잘 비행하는 반짇고리여야 한다

어느 별인지 지금은 몰라도
별에서 왔다 별로 돌아간다는 믿음 하나
머지않아 만나는 새 별을 위해

이승의 아픔이며 설움이며 미움일랑
감기 바이러스까지 잘라내어 묻어두고
지구별에서 피우던
꽃과 나무와 풀떨기와 이슬
나비와 새들의 웃음만 실어 보내야 한다

이제 마지막으로 반짇고리 엮는 내 일과는
태교胎敎하듯 귀 기울이고 어루만지고
아름다운 것만 보고
아름다운 것만 말하는 평화로운 몸짓이어야 한다.

—「영혼의 반짇고리」

이번 시집의 표제작인 된 「영혼의 반짇고리」이다. 반짇고리는 바늘, 실, 골무, 가위, 자, 헝겊 따위의 바느질 도구를 담는 그릇으로 가정에서 쉽게 접할 수 있는 물건이다. 그러나 튼튼한 기성복이 대세를 이루고 있는 요즘, 현대 사회의 시선으로 포착해 볼 때 반짇고리는 그 쓸모에 있어서도, 아름다움에 있어서도 '소중함'의 기표가 되지 못한다. 그런데 이 시에서 반짇고리는 지상에서 가장 아름답고 평화로운 그릇으로 태어나고 있다. 바느질 도구를 담는 그릇이 아닌, "은하수 어느 별에 가 닿아야 하"는 그릇으로 그려진다. 그것은 오색 실로 화려하게 수놓은 그릇이 아니다. 비바람 천둥에도 안전하고 튼튼한 그릇이다. 이승의 아픔, 설움, 미움 등 세상의 모든 욕망을 내려놓고, 꽃과 나무, 풀떨기와 이슬, 나비와 새들의 웃음만 담고 깃털처럼 가벼워진 영혼으로 새 별을 만나기 위해 비행을 해야 하는 그릇이다. 그러므로 한 땀 한 땀 태교하듯, 아름답고 평화로운 마음으로 정성껏 수를 놓아 만들어야 한다. 그것은 지상에서 마지막으로 하는 가장 아름다운 노동이다. 반짇고리라는 객관적 대상에 대한 이러한 주체적 반응의 배후에는 늘상 객관적 실재의 문맥이 놓여 있다. 이 시는 단지 정서 자체만 노래한 것이 아니다. 그보다는 한편으로는 아름답고 슬픈 정서를 유발시키면서, 다른 한편으로는 객관적 정황의 인식을 포함하는 자기인식이 시의 핵심에 놓여 있다. 시인의 내면 속에 녹아있는 이상의 기준에 비쳐진 모습인 것이다. 이는 시인의 사생관이라 할 수 있다. 일상의 흔한 물건에 특정한 정서의 질과 밀도를 높이는 자기인식이 잘 형상화되어 반짇고리는 처연하면서도 아름다운 존재의 근원성을 환기시켜 준다.

시인이 삭막한 간절히 희구하고 그리워하는 대상은 궁극적으로 무엇이겠는가. 불완전하고 삭막한 현실 속에서 갈구하는 고통 없는 사회, 평화로운 사회, 순수한 사회가 아니겠는가.

이목윤 제6시집
영혼의 반짇고리

인쇄 2014년 10월 20일
발행 2014년 10월 30일

지은이 이목윤
발행인 서정환
펴낸곳 신아출판사
주소 전북 전주시 완산구 공북 1길 16(태평동 251-30)
전화 (063) 275-4000 · 0484 · 6374
팩스 (063) 274-3131
이메일 shina2347@naver.com sina321@hanmail.net
출판등록 제465-1984-000004호
인쇄 · 제본 신아출판사

ISBN 979-11-5605-144-2 03810

값 10,000원

이 도서의 국립중앙도서관 출판시도서목록(CIP)은 서지정보유통지원시스템 홈페이지(http://seoji.nl.go.kr)와 국가자료공동목록시스템(http://www.nl.go.kr/kolisnet)에서 이용하실 수 있습니다.(CIP제어번호: CIP2014030835)

Printed in KOREA

이 시집의 발간비 일부는 전라북도 문화예술진흥기금의 지원을 받았습니다.